JN085077

労働条件変更
法理と実務

弁護士法人中央総合法律事務所

京都事務所 弁護士 **大澤武史** [著] ／ 大阪事務所 弁護士 **山本一貴** [著]

労務行政

はしがき

　2020年1月30日、世界保健機関（WHO）により「国際的に懸念される公衆衛生上の緊急事態（PHEIC）」が宣言され、同年3月11日にはパンデミック（世界的な大流行）の状態にあると表明された新型コロナウイルス感染症（COVID-19）の世界的な拡大によって、国境を越えた人や物の交流だけではなく、国内においても数次にわたる緊急事態宣言が発出されるなどして人や物の交流が制限され、その結果、世界経済は急速に減退し、我が国の経済も歴史的な低迷に陥っていると評されている。

　とりわけ、対面接触を行うサービス業を中心として雇用に大幅な影響を及ぼしており、毎週厚生労働省が集計する情報だけを見ても雇用調整の可能性がある事業所数は相当数に上っているが、実態としては、現在繰り返し延長がなされている雇用調整助成金（新型コロナウイルス感染症の影響に伴う特例）によって、かろうじて雇用維持できている企業も多い。それら企業は、いつか来る特例措置の終了に伴い、さらなる雇用調整の可能性が高まるおそれもあると指摘される。

　こうした中、雇用における最終手段ともいえる（整理）解雇・雇止めではなく、賃金や諸手当の引き下げ等の労働条件の不利益変更を行おうとする企業はますます増加することが見込まれる。雇用は維持されるといっても、労働条件の不利益変更は労働者の生活基盤にも大いに影響を及ぼす重要な関心事であり、安易になされるべきものではない。また、労働条件の不利益変更は、たとえ財務状況が逼迫し、企業を存続させるためという場合であっても、企業が労働者にそれを一方的に強いることが常に許容されるという性質のものでなく、企業に対して法律上も一定の制約が課されていることを十分に理解しなければならない。強引に、無効な労働条件の不利益変更をしてしまえば、結局所期の目的を達せないばかりか、労使間の不信が募り、将来にわたって禍根を残すことにもなり得る。

そこで、本書では、新型コロナウイルス感染症により経営に打撃を受け、先行きも不透明な中、なんとか雇用維持に努めようとする企業が検討するであろう労働条件の不利益変更という問題をテーマとして取り上げた。はじめに、労働条件の変更に関する法律上の規律を整理した上で（第1章）、数多く裁判例を収集・分析し、実務上の留意点を述べるものとした（第2章）。ここでは、できる限り直近の裁判例を拾うようにしたほか、賃金に限らず、さまざまな労働条件の不利益変更について幅広く取り扱うこととした。また、実際に企業が検討するに際して参照いただけるような簡単な手順・チェックポイントを整理するとともに（第3章）、個別の論点に関するＱ＆Ａも掲載するなど（第4章）、実務で少しでも使いやすい書籍となるように心掛けた。

　本書の刊行に当たっては、一般財団法人労務行政研究所の荻野敏成氏には、企画の段階からさまざまな資料提供のほか、原稿に対して細やかな点検、貴重なアドバイスをいただいた上、筆者らの遅筆にもかかわらず、辛抱強く見守っていただいた。また、日々多忙の業務の合間を縫って筆者らの同僚である山越勇輝弁護士、事務局の赤澤宏美さん、中川典子さんにも並々ならない協力をいただいた。ここに改めて心から感謝申し上げたい。

　本書が、雇用を維持し企業存続を図るための手段として、あるいはそのほか何らかの事情により労働条件の不利益変更を検討する企業の人事・法務担当者になにがしか役立つことができれば、筆者らにとって望外の喜びである。

2021年11月

著者を代表して
弁護士　大澤武史

目　次

第3章

労働条件変更の手順とチェックポイント　　163

第4章

Q&Aで学ぶ不利益変更の注意点　　171

凡　例

1．主な法令名略称（五十音順）

育児・介護休業法：育児休業、介護休業等育児又は家族介護を行う労働者の福祉に関する法律

高年齢者雇用安定法：高年齢者等の雇用の安定等に関する法律

男女雇用機会均等法：雇用の分野における男女の均等な機会及び待遇の確保等に関する法律

同一労働同一賃金ガイドライン：短時間・有期雇用労働者及び派遣労働者に対する不合理な待遇の禁止等に関する指針

パートタイム・有期雇用労働法：短時間労働者及び有期雇用労働者の雇用管理の改善等に関する法律

労働契約承継法：会社分割に伴う労働契約の承継等に関する法律

労働契約承継法指針：分割会社及び承継会社等が講ずべき当該分割会社が締結している労働契約及び労働協約の承継に関する措置の適切な実施を図るための指針

労働者派遣法：労働者派遣事業の適正な運営の確保及び派遣労働者の保護等に関する法律

2．判例集・雑誌

民集：最高裁判所民事判例集

労民集：労働関係民事裁判例集

金商：金融・商事判例（経済法令研究会）

判時：判例時報（判例時報社）

判タ：判例タイムズ（判例タイムズ社）

労経速：労働経済判例速報（経団連事業サービス）

労判：労働判例（産労総合研究所）

3．行政解釈

発基：旧労働（厚生労働）大臣または事務次官名で発する労働基準局関係の通達

基発：旧労働省（厚生労働省）労働基準局長名で発する通達

基収：旧労働省（厚生労働省）労働基準局長が疑義に答えて発する通達

職発：旧労働省（厚生労働省）職業安定局長名で発する通達

婦発：旧労働省（厚生労働省）婦人局長（現 雇用均等・児童家庭局長）名で発する通達

労告：労働大臣告示

厚労告：厚生労働大臣告示

第 1 章

労働条件変更の基礎知識

1 労働条件の決定システム

　労働者の労働条件のうちで最も重要なものの一つとして賃金があるが、そのほかに労働時間、休日、退職、安全衛生に関する事項など、労働条件とは労働者の職場における一切の待遇を意味する。本書のテーマである労働条件変更を見る前提として、本章ではまず、労働条件がどのように決定されるのか、そのシステムを確認する。

［1］当事者間の合意（労働契約）

　労働条件は、労使が対等な立場において決定すべきもの（労働基準法2条、労働契約法3条1項）であり、自主的な交渉の下で合意によって成立する労働契約によって定められる（労働契約法6条、合意原則）。労働契約は、口頭の合意でも、黙示の合意でも成立し得る。

　もっとも、現実には労使の関係は対等とはいえず、使用者が圧倒的な力を有していることがほとんどである。このため、労働契約の内容は、労働者保護の観点から当事者間の合意のみによらず、労働基準法などの法令、労働協約、就業規則によって強行的あるいは補充的に規律される。

　加えて、労使慣行も長期にわたって反復・継続されることで、当事者間の労働契約の内容となり、労働関係に対する法的効力を有することがある。

［2］法令

　労働者が人間らしい生活を送ることができるよう最低限の労働条件を定める法律である労働基準法により、労働契約で定められた労働条件のうち、同法の定める基準に達しない部分は無効となり（強行的効力）、無効となった部分は同法の基準どおりに補充される（直律的効力）（労働基準法13条）。その他最低賃金法、労働安全衛生法、労働者災害補償保険法、育児・介護休業法などの労働者保護の法令において労働条件の

最低基準を強行的に定めており、契約自由の原則が修正され、労働者保護が図られる。こうした「労働保護法規」とも称される労働者保護のための強行的な準則・基準は、合意（労働契約）、労働協約、就業規則あるいは労使慣行によっても、これを下回ることはできない[図表1－1]。

図表1－1 法令、労働協約、就業規則、労使慣行、労働契約の関係

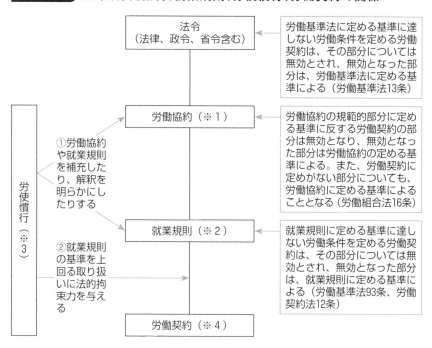

※1 「労働協約」は、労働組合と使用者（または団体）との間に結ばれる労働条件その他に関する協約であり、書面に作成し、両当事者が署名または記名押印することで効力が生じる（労働組合法14条）。

※2 「就業規則」は、使用者が定める職場規律や労働条件に関する規則類のことをいい、職場における雇用管理全般、つまり採用から退職（解雇を含む）までの雇用上の諸問題に関する事項を定めたもの。常時10人以上の労働者を使用する事業場については、就業規則を作成し、所轄労働基準監督署長に届け出なければならない（労働基準法89条）。

※3 「労使慣行」は、就業規則、労働協約のように成文の規範がないが、労働条件、職場規律などについて、長い間反復・継続して行われ、それが使用者と労働者の双方に対して事実上の行為準則として機能しているもの。

※4 「労働契約」は、使用者と労働者が、法令や就業規則等を根拠にして個別の労働者の賃金や労働時間などの労働条件について契約したもの（労働基準法14条）。労働契約の規定が就業規則の労働条件を下回る場合には、その部分は無効になり、就業規則の基準が適用される（労働契約法12条）。また、就業規則を上回る内容の労働条件を決めた場合には、労働契約の内容が優先する。

[3]労働協約

　労働協約（労働組合法14条）は、労働組合と使用者との団体交渉の成果として締結される集団的合意（協定）であり、労働条件の決定要因として法令に次ぐ高い地位が認められる[1]。すなわち、労働協約は、強行法規に反することはできないものの、労働契約を直接規律する強い効力（規範的効力[図表1−2]）を付与されており（同法16条）、就業規則に優越する効力が付与される（労働基準法92条、労働契約法13条）。

　労働協約は、合意した内容を書面化し、労働組合と使用者が署名または記名押印することを要し（労働組合法14条）、労使合意が成立したとしても、署名または記名押印による書面を欠くと効力は生じない（**都南自動車教習所事件　最高裁三小　平13. 3.13判決　民集55巻2号395ペー**ジ）。なお、団体交渉において作成された議事録に労使双方が署名押印を行った場合、当該議事録が労働協約として有効かという問題が実際上起こり得る。この点については、事例ごとの判断とならざるを得ないが、

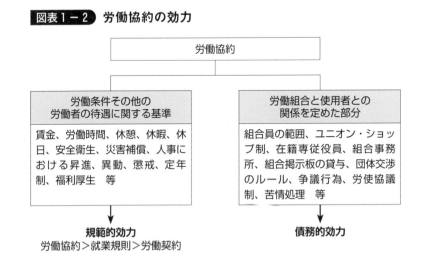

図表1−2　労働協約の効力

1　土田道夫『労働法概説　第4版』［弘文堂］386ページ

労働協約として積極に解する裁判例として**新日本技術コンサルタント事件**（大阪地裁　昭61. 3.31決定　労判473号14ページ）などがある。一方、消極に解する裁判例として、**医療法人社団根岸病院事件**（東京高裁　平18.11.30判決　労経速1964号18ページ）などがある。

　こうした要式行為により、その存在と内容が明確にされた労働協約は、締結当事者である労働組合と使用者を拘束するのみならず、第三者である組合員の労働条件を直接規律する[2]。ただし、特定または一部の組合員を殊更不利益に取り扱うことを目的としているなど労働組合の目的を逸脱して労働協約が締結された場合には、労働協約の規範的効力が否定され得る（**朝日火災海上保険〔石堂・本訴〕事件**　最高裁一小　平9. 3.27判決　労判713号27ページ）。なお、旧労働協約の内容に抵触する新たな労働協約が締結された場合には、旧労働協約は新労働協約の発効とともに終了すると解されている（**九州自動車学校事件**　福岡地裁小倉支部　平13. 8. 9判決　労判822号78ページ）。

　労働協約により定められた労働条件その他の労働者の待遇に関する基準に反する労働契約の部分は無効となり、無効となった部分は労働協約の内容が労働条件となる（規範的効力）。労働協約の規範的効力は、原則として当該労使協定を締結した労働組合の組合員のみに適用され、組合に所属していない非組合員には適用されないが、事業場単位または地域単位の拡張適用制度（一般的拘束力）があり（労働組合法17条、18条）、非組合員にも規範的効力が及ぶ場面があることにも留意が必要となる**[図表1－3]**[3]。

---

[2]　労働協約の締結権限に関する瑕疵がある場合には、労働協約が無効とされるケースがある。労働協約締結に当たって組合大会で決議されたことはないから、労働組合の協約締結権限に瑕疵があり無効とした事案として、中根製作所事件（東京高裁　平12. 7.26判決　労判789号6ページ）がある。

[3]　少数組合の組合員に対して多数組合の一般的拘束力を及ぼすことは消極に解されている（大輝交通事件　東京地裁　平7.10. 4判決　労判680号34ページ、ネスレ日本事件　東京地裁　平12.12.20判決　判時1753号149ページ等）。なお、学説上も否定説が多数派のようである（荒木尚志『労働法 第4版』〔有斐閣〕688ページ、水町勇一郎『労働法 第8版』〔有斐閣〕368ページ、菅野和夫『労働法 第12版』〔弘文堂〕945ページ）。

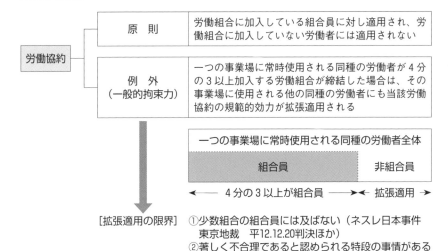

図表1-3 労働協約の拡張適用（事業場単位の一般的拘束力のケース）

| 労働協約 | 原則 | 労働組合に加入している組合員に対し適用され、労働組合に加入していない労働者には適用されない |
| | 例外
（一般的拘束力） | 一つの事業場に常時使用される同種の労働者が4分の3以上加入する労働組合が締結した場合は、その事業場に使用される他の同種の労働者にも当該労働協約の規範的効力が拡張適用される |

一つの事業場に常時使用される同種の労働者全体

| 組合員 | 非組合員 |

◀——— 4分の3以上が組合員 ———▶◀ 拡張適用 ▶

［拡張適用の限界］　①少数組合の組合員には及ばない（ネスレ日本事件　東京地裁　平12.12.20判決ほか）
②著しく不合理であると認められる特段の事情がある時は、当該非組合員には及ばない（朝日火災海上保険［高田］事件　最高裁三小　平8.3.26判決）

［4］就業規則

　就業規則は使用者が作成する職場規律や労働条件を定めた文書であり、常時10人以上の労働者を使用する使用者は、就業規則の作成・届け出が義務づけられ、その記載事項は、始業・終業時刻、休憩時間、休日、休暇、賃金、退職等の労働条件の全般にわたる（労働基準法89条）[4]**［図表1-4］**。

　使用者が、合理的な労働条件が定められている就業規則を労働者に周知させていた場合には、労働契約の内容はその就業規則に定める労働条件によることとなる（労働契約法7条本文、契約内容補充効）。なお、就業規則の内容が労働条件の内容として労働契約締結の過程で労働者に説明され、それに対する同意が得られた場合（就業規則が労働契約締結に

---

[4]　なお、実務上、本則となる就業規則の一部として「賃金規程」「退職金規程」などといった形で別に切り出して社内規則が作成されることが多い。こうして切り出された別規則であっても、就業規則であることに相違なく、届け出や意見聴取など労働基準法所定の規律に服することに留意しなければならない。とりわけ、中小企業においてこれら別規則について作成はされているものの、届け出がなされていないといった事例がよく見られる。

図表1-4 就業規則の記載事項

絶対的必要記載事項	相対的必要記載事項
①始業および終業の時刻、休憩時間、休日、休暇ならびに交替制の場合には就業時転換に関する事項 ②賃金の決定、計算および支払いの方法、賃金の締め切りおよび支払いの時期ならびに昇給に関する事項 ③退職に関する事項（解雇の事由を含む）	①退職手当に関する事項 ②臨時の賃金（賞与）、最低賃金額に関する事項 ③食費、作業用品などの負担に関する事項 ④安全衛生に関する事項 ⑤職業訓練に関する事項 ⑥災害補償、業務外の傷病扶助に関する事項 ⑦表彰、制裁に関する事項 ⑧その他全労働者に適用される事項

際してそのひな形として用いられた場合）には、就業規則の内容は契約内容そのものとして合意原則によって効力を取得するので、この場合、就業規則の合理性は問題とならない。

　就業規則を下回る労働条件を定める労働契約は無効となり、無効となった部分は就業規則の定めるところによる（最低基準効）。一方、労使間で別個のより有利な特約を定めている場合には特約が優先する（労働契約法7条ただし書き）。

　就業規則は、使用者が一方的に作成する規則であることから、法令および労働協約に反することはできない（労働基準法92条、労働契約法13条）。法令を上回る労働条件を定めることは許されるが（労働契約法7条ただし書き、同法12条）、労働協約との関係では協約を下回ることのみならず、上回ることを含めて、協約と異なる労働条件を定めることはできない。

［5］労使慣行

　既に述べた労働協約や就業規則に基づかない労働条件や職場規律に関する取り扱いが長期にわたって反復・継続されることで、それが労働契約内容を規律することがある。労使慣行は、当事者間の黙示の合意を介

して、あるいは、「事実たる慣習」（民法92条）として労働契約内容を規律するものと解される[5]。後者の場合、契約当事者がその慣行「による意思を有している」必要があるが、この意思が肯定されれば、労使慣行は、当事者の（黙示の）合意や内容の知・不知を問わず拘束力を有することとなる。

　もっとも、労使慣行は労働契約内容となって拘束力を有する以上、強行法規や公序良俗（民法90条）に反し得ないし、また、労働協約に違反あるいは就業規則を下回る内容の労使慣行も無効となる（労働組合法16条、労働契約法12条）[6]。

　そして、労使慣行が労働契約内容となるには、次の三つの要件を満たす必要がある。

> 　労使慣行は過去の事実の反復継続から現在または将来における権利関係を成立させるものであるので、①同種の行為または事実が長年にわたって反復継続されてきたことを要する。労使慣行の性質上、この取扱いは労働者集団に対してなされることを要するし（多数当事者性）、例外的取扱いの事実があれば反復継続の要件を満たさない。次に、労使慣行が労働契約内容を黙示的に形成するものであるから、②労使双方がその慣行によることを明示的に排斥しておらず、③当該慣行が労使双方の規範意識に支えられていること（過去の行為を将来にわたって受忍する意識を有していること）が必要となる[7]。

---

[5]　土田道夫『労働契約法 第2版』［有斐閣］189ページ

[6]　さらに、労使慣行が使用者のイニシアチブにより形成され、事実たる慣習として契約内容を形成する場合は、それが制定法でも明示の合意でもない以上、その内容が不合理でないことを要件と解すべきとする（土田道夫『労働契約法 第2版』［有斐閣］190ページ）。

[7]　土田・前掲書190ページ、菅野・前掲書168ページ、水町・前掲書95ページ、荒木・前掲書36ページ。裁判例では、労使慣行の成立要件を示すものとして、商大八戸ノ里ドライビングスクール事件（大阪高裁　平5.6.25判決　労判679号32ページ）、東京中央郵便局慣行休息権確認等事件（東京高裁　平7.6.28判決　判時1545号99ページ）など。近時、長期間継続していた定期昇給について法的拘束力を有する労使慣行と認めたものとして、学校法人明泉学園事件（東京地裁　令元.12.12判決　労経速2417号3ページ）がある。

図表1-5 合意、労働基準法等の法令、労働協約、就業規則、労使慣行の関係の整理

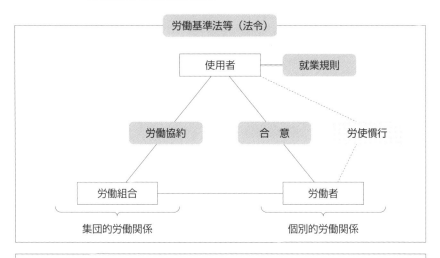

①労働基準法等の法令が定める最低基準よりも不利な内容は、合意（労働契約）、就業規則、労働協約いずれにおいても無効（労働基準法13条等）
②労働協約は、合意および労使慣行ならびに就業規則に優先し、労働協約と異なる労働条件は原則有利・不利を問わず無効となる（労働組合法16条、労働基準法92条１項）
③就業規則より不利な労働条件の合意および労使慣行は無効となる（労働契約法12条）

［6］合意、労働基準法等（法令）、労働協約、就業規則、労使慣行の関係の整理

　以上のルールの関係について整理すると、［図表1-5］のとおりとなる。このルールは、労働条件の設定の場面のみならず、変更の場面でも妥当するため、労働条件を変更したい使用者としては確実に理解しておく必要がある。

2 労働条件を変更する三つの方法

　労働条件を変更する方法には、［図表1-6］の三つがある。大きくは、社内外に労働組合が存在し、労働協約が締結されている場合には①～③

図表1-6 労働条件を変更する三つの方法

> ①**労働協約の変更**
>   労働組合との協議を経て、労働協約を締結することで変更が可能
> ②**個別の労働契約の変更**
>   労働者との合意により変更が可能
> ③**就業規則の変更**
>   就業規則の改定により変更可能だが、変更後の就業規則を労働者に周知し、かつ、就業規則の変更が、労働者の受ける不利益の程度、労働条件の変更の必要性、変更後の就業規則の内容の相当性、労働組合等との交渉の状況その他の就業規則の変更に係る事情に照らして合理的なものであることが必要

すべての方法について、そうでない場合には②と③による方法について検討を要することとなるが、労働条件の変更のための規律はそれぞれ相互に関連しており、実際に労働条件を変更する場合には、これらの関係を理解し、手続きを進めていかなければならない。それぞれの方法の留意点に関しては後掲「**3**労働条件変更の手続き」で詳述するが、ここでは各方法の概要を紹介する。

①労働協約の締結、改定による変更

②労働者と使用者との合意による変更

③就業規則の改定による変更

　労働条件の変更において、個人ごとに決定された労働条件の変更を行う場面であれば格別、多数の労働者に共通する労働条件を変更する場合に、すべての労働者の合意を個別に取得することは現実的に困難な場面も想定される（不利益変更の場合にはなおさらである）。しかしながら、多数の労働者を使用して効率的かつ合理的な事業経営を行うためには、労働条件を集合的・統一的に決定する必要がある上に、就業規則を下回る個別合意を得ても無効となる以上（労働契約法12条）、とりわけ労働条件の不利益変更の場面では、個別の合意のみならず就業規則の変更が必要となる。

　ところで、何が労働条件の不利益変更に当たるかは、実質的不利益の有無によるものと解されているが、その判断は容易ではなく、不利益と

なる「可能性」にとどまる場合も少なくない。例えば、賃金減額がなされると同時に労働時間が減る場合や休日が増えると同時に所定労働時間が増えるといった場合にも、これらが不利益に該当するのかという問題が生じる。多くの裁判例において、当該労働条件について不利益となる可能性がある場合には、不利益変更の枠組みに該当するとしており、実務上は、新旧の就業規則の外形的比較において、労働条件ごとに不利益とみなし得る変更があれば、まずは合意原則を基礎に労働者の合意形成（労働契約法8条）を目指すこととなる。その上で、実質的不利益の有無（例えば、上記賃金の減額に伴う労働時間の減少を含めた事情）は、後述する労働契約法10条の適用場面を見据えて、変更の合理性（相当性）の判断基準を考慮して検討を行うこととなる[8]。

　さらに、前述のとおり、労働協約との関係では、労働協約は、合意および就業規則に優先し、労働協約と異なる労働条件は原則有利・不利を問わず無効となるため、労働協約の適用を受ける労働者（組合員）の労働条件を変更するに当たっては、この改定や終了の手続きも要する。この場合でも非組合員を含めて全労働者に変更の規律を及ぼしたい場合や、結局、労働条件を変更する新たな労働協約が締結できなかった場合には（当該労働協約を終了させた上で）、合意による変更、さらには就業規則の変更という方法を用いることとなる。

　なお、就業規則の新設あるいは変更によって、当事者間の黙示の合意、あるいは「事実たる慣習」（民法92条）として労働契約内容を規律する労使慣行を変更する場合、労働契約法10条の規律に服することとなる[9]。

8　荒木・前掲書420ページ
9　シオン学園（三共自動車学校・賃金体系変更）事件（東京高裁　平26. 2.26判決　労判1098号46ページ）、立命館（未払一時金）事件（京都地裁　平24. 3.29判決　労判1053号38ページ）。なお、就業規則変更前に労働者が享受していた利益は、使用者が一定の取り扱いを事実上継続してきたことにより労働慣行上認められた地位から生じたものにすぎないことを挙げて、就業規則等に明文規定がある労働条件の不利益変更に比して緩やかな基準での変更を許容することを示唆するものとして、ソニー・ソニーマグネプロダクツ事件（東京地裁　昭58. 2.24判決　判時1079号106ページ）がある。荒木尚志・菅野和夫・山川隆一『詳説　労働契約法　第2版』［弘文堂］147ページ。

[1]労働協約による変更

　労働協約で労働条件を変更する場合、変更後の内容の労働協約を締結することができれば、労働者の合意や就業規則に優先する労働協約によって、労働条件は変更されることとなる（労働組合法16条、労働基準法92条1項）。この方法は、労働協約の一般的拘束力との関係から、基本的には、事業場において会社の行う不利益変更に協力的な同種労働者の4分の3以上が組織する多数労働組合が存する場合に実効性を有する方法となる。労働条件を変更するに当たって、変更後の内容の労働協約を締結することができれば、有利不利を問わず就業規則に優先され[10]、労働契約法10条の「変更の合理性」が認められるか否かは問題とならない。

　もっとも、労働協約による労働条件の変更にも一定の制限がある。前述のとおり、特定または一部の組合員を殊更不利益に取り扱うことを目的としているなど労働組合の目的を逸脱して労働協約が締結された場合には、労働協約の規範的効力が否定され、例外的ではあるが変更が認められないことがあり、留意しておく必要がある（**朝日火災海上保険［石堂・本訴］事件**　最高裁一小　平9. 3.27　労判713号27ページ）。当然であるが、労働協約をもって強行法規や公序良俗に反することはできず、当該違反部分は無効となる（**日本シェーリング事件**　最高裁一小　平元.12.14判決　民集43巻12号1895ページ）。

　なお、労働条件の不利益変更の問題ではないが、具体的に発生した賃金請求権を事後に締結した労働協約の遡及適用により処分または変更することは許されないといった協約自治の限界がある（**香港上海銀行事件**　最高裁一小　平元. 9. 7判決　労判546号6ページ、**平尾事件**　最高裁一小

---

[10] いわゆる労働協約の有利性原則については議論の余地があるが、昨今の裁判例では、有利性原則を否定・消極的に解する傾向にある（箱根登山鉄道事件　東京高裁　平17. 9.29判決　労判903号17ページ等）。

平31. 4.25判決 労判1208号 5 ページ）。これらは個別的授権事項として組合員個人の授権（同意）がない限り、労働組合が勝手に処分することはできないと解されている[11]。したがって、組合員個人の既に具体的に発生した権利を処分、変更するためには個別の同意が必要ということになる。

労働協約は、労働協約を締結した労働組合の組合員へ規範的効力を及ぼすことが原則だが、「常時使用される同種の労働者」の 4 分の 3 以上を占める労働組合があり、その労働組合との間で労働協約を締結した場合には、当該労働協約は所属組合員のみならず、非組合員（ただし、他の少数組合に加入している場合を除く）に対しても規範的効力を生じる（労働組合法17条）。もっとも、例外として、非組合員に適用することが著しく不合理である特段の事情がある場合には拡張適用されない（**朝日火災海上保険［高田］事件** 最高裁三小 平8. 3.26判決 民集50巻 4 号1008ページ。かかる不合理性が争われた事案として、**都市開発エキスパート事件** 横浜地裁 平19. 9.27判決 労判954号67ページ）。

労働協約の一般的拘束力が及ばない場合には、非組合員との関係での労働条件の変更は、労働組合が存しない場合と同様、個別の合意もしくは就業規則の変更による方法を検討することとなる。

他方で、労働協約の改定が労働組合との間でかなわなかった場合に使用者としては就業規則改定によって労働条件を変更する途が残っているが、この場合に過去に労働組合と締結している労働協約が残ったままの状態では、組合員との関係において当該労働協約が優先してしまうため（労働組合法16条、労働基準法92条 1 項）、これを適切に終了させておく必要がある。具体的には、①労働協約に期間の定めがあるときは期間満了を待った上で（自動更新条項が存在する場合には、所定期日までに不更新の手続を行った上で）、②期間の定めがないときは90日前に署名または記名押印した文書によって解約し（労働組合法15条 3 項、 4 項）、就

---

[11] 水町・前掲書366ページ、菅野・前掲書931ページ等

業規則を改定することとなる[図表1-7]。

[2]個別合意による変更
(1)個別合意による変更の留意点

　既に見たとおり、労働条件の設定において合意原則が妥当するが、労働条件の変更の場面でも同様であり、労使の合意により、労働契約の内容である労働条件を変更できる（労働契約法8条、9条）。企業の経営が厳しくなったため、経営状態を改善するための一つの方法として労働者の賃金を引き下げる場合にこれを個々の労働者へ説明し、同意書を提出してもらって賃金を変更する場合が典型的である。ただし、合意を得ることなく不利に変更することは、合意原則違反として無効となる（**医療法人光優会事件**　奈良地裁　平25.10.17判決　労判1084号24ページ）。

　また、当該合意が公序良俗に反する場合には無効となる。**オリエンタルモーター（賃金減額）事件**（東京高裁　平19.4.26判決　労判940号33ページ）では、業務換えおよび賃金減額の合意が、病気のため従前どおりの仕事ができなくなった労働者を、仕事を失うかもしれないという不安な状態に追い込み、一家の生計を支えるためにはとりあえず会社の提案を受け入れて就業するほかないと思わせ、書面に署名させたものと認めるほかなく、また、労働者に従前の経緯を一切無視した業務換えおよび賃金減額を提示し、これを受け入れざるを得ない立場に追い込んだ会社の対応には、支部組合員を嫌悪して、組合員である労働者を不利益に扱おうとする動機があることがうかがわれるのであって、当該合意は公序良俗に違反するものとして無効とした。

　また、労働条件の不利益変更の場面において就業規則を下回る個別合意を得ても無効となる以上（労働契約法12条）、個別の労働者との関係で合意が獲得できたとしても当該労働条件が就業規則に定められている労働条件であれば、就業規則の変更も併せて行う必要が残っていることも失念してはならない。他方で、当該労働条件が就業規則や労働協約に定

図表1−7 **労働協約の変更手順**

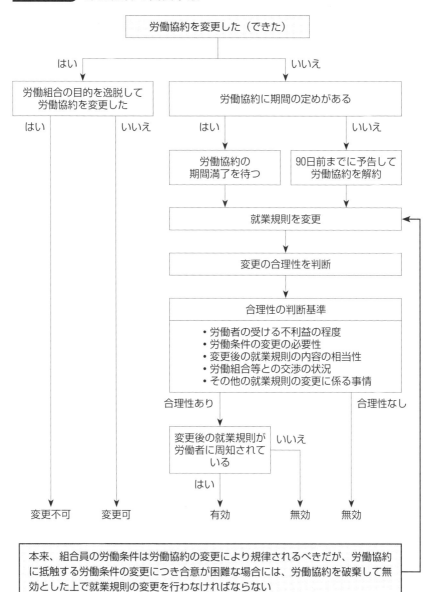

本来、組合員の労働条件は労働協約の変更により規律されるべきだが、労働協約に抵触する労働条件の変更につき合意が困難な場合には、労働協約を破棄して無効とした上で就業規則の変更を行わなければならない

められていないものであれば、個々の合意を得れば、それで足りる（ただし、労使慣行の有無に注意を要する）。

　さらに、労働契約法9条本文は、同法8条の労働契約の変更についての「合意の原則」に従い、使用者が労働者と合意することなく就業規則の変更により労働契約の内容である労働条件を労働者の不利益に変更することはできないという原則を確認的に規定している（平24. 8.10　基発0810第2、最終改正：平30.12.28　基発1228第17）。裏を返すと、労働者の不利益となる場合でも、就業規則の変更による労働条件の変更に労働者が合意すれば、労働条件変更は可能ということになる[12]。これらの場合に重要なのは、就業規則の変更による労働条件の不利益変更に当たって問題となる「変更の合理性」や「変更後の就業規則の周知」は問題とはならず、あくまで合意原則にのっとることになるということである（言い換えれば、合意しない者の労働条件は変更されない）。

　次に、合意による労働条件の不利益変更の場合、外形的に合意があったと見えても、これにより直ちに合意があったと認められない可能性があることから慎重な判断を要する。すなわち、労働者は、労働契約の性質上当然に使用者に使用されて、その指揮命令に服すべき立場に置かれている上、自らの意思決定の基礎となる情報を収集する能力にも限界があるほか、賃金や退職金といった重要な労働条件を自らの不利益に変更する場合でも、使用者から求められれば、その変更に同意する旨の書面に署名押印をするなどの行為をせざるを得なくなる状況に置かれることも少なくないため、外形的には合意が得られたといえる場面があったとしても、当該合意の認定は慎重になされることとなる。

　実務上、「書面を得ているから何ら問題はない」という理解で労働条件の不利益変更を行っている場面に度々遭遇するが、このような考えでは後々になって無効と判断されるリスクがあることを十分に理解しておか

---

[12] 菅野・前掲書208ページ、荒木・前掲書414ページ。なお、水町勇一郎『詳解 労働法』［東京大学出版］206ページは、反対解釈ではなく労働契約法8条の適用によるものと構成すべきとする。

なければならない。当該書面の取得に至るまでのプロセスとして、情報提供や協議を尽くしたことについても客観的な記録として残しておくことが大切である。

（2）黙示の合意の可否

　労働条件変更にかかる合意は明示的になされたものでなく、黙示の合意でもよいことになっているが、黙示の合意の認定は、労使間の交渉力格差を踏まえた労使対等決定の原則（労働基準法2条、労働契約法1条、3条1項）が要請される労働契約においては妥当でないとされ、その認定は、明示の合意に匹敵するような意思の合致を明確に認定できる特段の事情がある場合等に限定すべきとされる[13]。

　裁判例においても、**更生会社三井埠頭事件**（東京高裁　平12.12.27判決　労判809号82ページ）では、「労基法24条1項本文はいわゆる賃金全額払の原則を定めているところ、これは使用者が一方的に賃金を控除することを禁止し、もって労働者に賃金の全額を確実に受領させ、労働者の経済生活を脅かすことのないようにしてその保護を図る趣旨に出たものであると解されるから、就業規則に基づかない賃金の減額・控除に対する労働者の承諾の意思表示は、賃金債権の放棄と同視すべきものであることに照らし、それが労働者の自由な意思に基づいてされたものであると認めるに足りる合理的な理由が客観的に存在するときに限り、有効であると解すべきである」として、最高裁判決（**シンガー・ソーイング・メシーン事件**　最高裁二小　昭48.1.19判決　民集27巻1号27ページ、**日新製鋼事件**　最高裁二小　平2.11.26判決　民集44巻8号1085ページ）を引用し、黙示の合意を否定した。同裁判例は、黙示の合意による労働条件の変更に対して厳格な判断を示したものといえ、実務上、単に労働者が異議を述べなかったということで黙示の合意は認められないと考えるべきだろう。

---

[13]　荒木・前掲書398ページ

他方で、黙示の合意を肯定した裁判例として、**トップ（カレーハウスココ壱番屋店長）事件**（大阪地裁　平19.10.25判決　労判953号27ページ）では、等級基準表上の支給総額が５万円の減額とされたものの、等級基準表の改定の内容については、少なくとも、労働者はこれを容易に知ることができたことがうかがわれ、労働者を含め、会社の労働者が特段の異議を申し述べた形跡もないことから、等級基準表の改定は、同意されたものと同視することができるとした。

（３）賃金や退職金に関する変更の合意の有無

　さらに、労働者にとって重要な賃金や退職金といった労働条件の変更に関する合意については、最高裁（**山梨県民信用組合事件**　最高裁二小　平28. 2.19判決　民集70巻２号123ページ）において次のとおり判示されており、その判断は厳格であることに留意しなければならない。

「労働条件の変更が賃金や退職金に関するものである場合には、当該変更を受け入れる旨の労働者の行為があるとしても、労働者が使用者に使用されてその指揮命令に服すべき立場に置かれており、自らの意思決定の基礎となる情報を収集する能力にも限界があることに照らせば、当該行為をもって直ちに労働者の同意があったものとみるのは相当でなく、当該変更に対する労働者の同意の有無についての判断は慎重にされるべきである。そうすると、就業規則に定められた賃金や退職金に関する労働条件の変更に対する労働者の同意の有無については、当該変更を受け入れる旨の労働者の行為の有無だけでなく、当該変更により労働者にもたらされる不利益の内容及び程度、労働者により当該行為がされるに至った経緯及びその態様、当該行為に先立つ労働者への情報提供又は説明の内容等に照らして、当該行為が労働者の自由な意思に基づいてされたものと認めるに足りる合理的な理由が客観的に存在するか否かという観点からも、判断されるべき」

　労働条件変更にかかる合意を否定した事案では、例えば、ゴルフ場キャディ職従業員の雇用契約について、期間の定めのないものから１年の有

期契約とすること、給与体系の不利益変更、退職金制度の廃止等を内容
とする労働条件変更にかかるキャディ契約書の作成・提出がなされてい
たものの、数分の社長説明および個別面談での口頭説明によって、その
全体および詳細を理解し、記憶にとどめることは到底不可能であること、
賃金については会社との契約金額とする、その他就労条件は会社の定め
によるといった記載であって、その内容を把握できるものではない、ま
た、キャディ契約書について、キャディ職従業員から、提出しない場合
どうなるかとの質問もあったが、明確な返答がされたとは認め難く、キャ
ディ契約書の提出が契約締結を意味する旨の説明がされたこともうかが
われないなどとした**東武スポーツ（宮の森カントリー倶楽部・労働条件
変更）事件**（東京高裁　平20. 3.25判決　労判959号61ページ、最高裁一
小　平21. 7. 2決定　労判981号194ページ）[14]がある。

　また、労働者が会社に無断でアルバイトをしたこと等を理由に基本給
を１カ月23万円から18万円に減額する雇用契約書の作成がなされた事案
において、前掲平成28年の最高裁（山梨県民信用組合事件）が示した規
範を引用した上で、賃金総額を25％も減じるものであり、これにより労
働者にもたらされる不利益の程度は大きいのに対し、会社代表者は合意
に先立ち、労働者が会社に無断でアルバイトをしたとの旨や勤務先であ
る施設の女性利用者から苦情が寄せられている旨を指摘したのみで、会
社代表者が労働者に対して大幅な賃金減額をもたらす労働条件の変更を
提示しなければならない根拠について、十分な事実関係の調査を行った
事実や、客観的な証拠を示して説明した事実は認められないため、労働
者が契約書を交付された後いったんこれを持ち帰り、翌日になってから

---

[14] 原審（宇都宮地裁　平19. 2. 1判決　労判937号80ページ）では、在職キャディの労働者らは、本件
労働条件の変更の必要性の内容、程度に理解を示して、これに協力するべく不利益変更を受け入
れたとは到底考えられず、キャディ契約書を提出しなければ働くことができなくなると理解した
点に、在職キャディらには誤信があるとして、労働条件変更にかかる動機の錯誤を認めており、労
働条件変更にかかる合意にもこうした論点をはらむことを示唆するとともに、使用者側として同
様の主張を受けないように留意を要する。

これに署名押印をしたものを会社代表者に提出したという本件合意に
至った経緯を考慮しても、これが労働者の自由な意思に基づいてされた
ものと認めるに足りる合理的な理由が客観的に存在するものとは認めら
れないとされた（**Ｏ・Ｓ・Ｉ事件**　東京地裁　令2. 2. 4判決　労判1233
号92ページ、**ニチネン事件**　東京地裁　平30. 2.28判決　労経速2348号12
ページ）。

　このため、賃金等の重要な労働条件の不利益変更については、情報提
供や協議を尽くし、意思決定のための時間を設けた上で、書面による確
定的意思の確認を行うなど、手続きを丁寧かつ慎重に履践^{（りせん）}することが実
務上求められる。

（4）就業規則の改定の要否

　個別合意によって労働条件を変更する場合、就業規則よりも不利な内
容として合意する場合もあろう。仮に労働者から個別合意を取得するこ
とができたとしても、これに抵触する就業規則の改定を怠れば、法的に
はそのような個別合意は無効となることは繰り返し述べたとおりである
（労働契約法12条）。この点にかかる事案として最高裁も同様に、「賃金減
額には同意しているのであるが、就業規則で定める基準に達しない労働
条件を定める労働契約は、その部分については無効とされ、無効となっ
た部分は、就業規則で定める基準によることとされている」と判示して
いる（**北海道国際航空事件**　最高裁一小　平15.12.18判決　労判866号14
ページ）。

　具体的な例を挙げれば、就業規則の一部を成す給与規程において具体
的な給与額が規定されていない場合に給与を減額するには、個別合意の
みで足り、当該給与規程の変更自体は不要だろうが、給与規程上、具体
的に支給要件や支給額が定められている手当について支給要件や支給額
を変更する場合や手当自体を廃止する場合には、個別合意のみならず当
該給与規程の変更を要することになるため、遺漏なく手続きを行う必要
がある。

［3］就業規則の変更による労働条件の変更

　労働条件の変更は合意によることが原則であるが、就業規則の変更による労働条件変更の合意（労働契約法9条）がなくとも、「変更の合理性」および「変更後の就業規則の周知」の要件を満たした場合に、合意による労働条件変更の原則の例外として、就業規則の変更による労働条件の不利益な変更が認められる（同法10条）。かかる法理は、個別の労働契約で定められた労働条件を就業規則により変更する場合についても適用され[15]、判例法理によって確立された就業規則の合理的変更による契約内容規律効である。なお、労働者に有利な労働条件に変更する場合、合意によらず就業規則の変更による労働条件の変更が認められる（同法12条）。ただし、就業規則の変更について「変更の合理性」が認められ、「周知」がなされたとしても「労働契約において、労働者及び使用者が就業規則の変更によっては変更されない労働条件として合意していた部分」についてはこの限りではなく（同法10条ただし書き）、変更後の就業規則によっては規律されないため、個別合意を取得するほかないことには別途留意が必要である[16]。この「就業規則の変更によっては変更されない労働条件として合意していた部分」の認定が争点となった裁判例はいまだみられないが、その認定は、合意内容の性格（特殊性）や合意に至った経緯などを考慮し、労使両当事者が合意なく変更することはない旨の意思を持っていたかという意思解釈によって行われる[17]。

---

[15]　労働契約法10条はあくまで就業規則の変更による労働条件の変更の場面における明文であるが、就業規則の新設によって労働条件を変更する場合にも当該法理は同法10条の類推等により適用されるものと考えられる（荒木・菅野・山川・前掲書146ページ）。

[16]　例えば、使用者が就業規則を変更して全国への配転を可能とする広域配転条項を新設し、その条項が一般に合理的なものと評価されるとしても、就業規則によっては変更し得ない労働条件として勤務地限定の特約を結んでいた労働者に対しては、当該就業規則変更は労働条件を変更する効力を持ち得ないこととなる。就業規則によっては変更し得ない労働条件として、職種限定条項を個別特約としていた場合も同様である。労働契約法10条ただし書きに該当するためには「就業規則の変更によっては変更されない労働条件として」の合意が成立していると解釈・評価されることで足り、「就業規則の変更によっては変更されない」ことをあらかじめ明文化したり明示したりしている必要はないと解されている（荒木・菅野・山川・前掲書143ページ）。

[17]　水町・前掲書93ページ。荒木・菅野・山川・前掲書144ページ

（１）変更の合理性

　この就業規則の変更による労働条件の不利益変更において、特に問題となるのは「変更の合理性」が認められるかという点である。判例法理を含めた具体的な留意点は後述するが、ここでいう「変更の合理性」は、変更後の労働条件がそれ自体として合理的か否かではなく、従前の労働条件から新しい労働条件への変更が合理的かどうかであり、労働条件それ自体の合理性が問われる労働契約法７条の場面とは意味が異なる。

　少し複雑であるため、就業規則の変更に関する労働契約法９条と同10条の関係について、簡潔に整理しておく[**図表１－８**]。就業規則の変更による労働条件の不利益変更が行われた場合に、それに同意する労働者については同法９条が、反対の労働者については同法10条が適用されることとなる。有効に同意をした労働者は、変更の合理性の有無にかかわ

図表１－８　**不利益変更の判断基準**

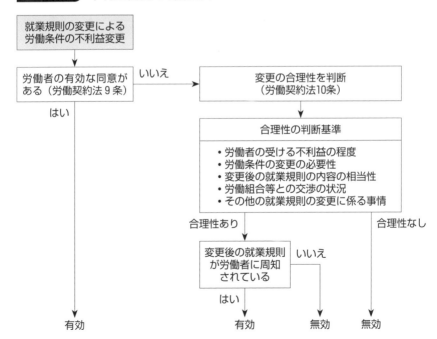

らず（仮に反対の労働者との関係で変更の合理性が否定されたとしても）、変更後の就業規則が労働契約の内容を規律することとなり（**熊本信用金庫事件　熊本地裁　平26. 1.24判決　労判1092号62ページ**、**イセキ開発工機［賃金減額］事件　東京地裁　平15.12.12判決　労判869号35ページ**）、同意が有効なものと認定できない場合[18]、反対の労働者と同様に同法10条の規律によることとなる。

（2）変更後の就業規則の周知

　変更の合理性のほか、「変更後の就業規則の周知」も要件であり、したがって、改定後の就業規則の周知を怠れば変更は無効となる（**中部カラー事件　東京高裁　平19.10.30判決　労判964号72ページ**）。ここでの「周知」は、労働者が実際に就業規則の存在や内容を知っているか否かにかかわらず、労働者が知ろうと思えばいつでも就業規則の存在や内容を知り得るようにすること（実質的周知）を要する。**学校法人実務学園ほか事件**（千葉地裁　平20. 5.21判決　労判967号19ページ）でも、就業規則変更の場面において、就業規則に法的規範として関係者に対する拘束力を生じさせるためには、適用を受ける労働者にその内容を周知させる手続きが取られていることが絶対的要件であり、その周知の方法について実質的に周知されれば足りるとしている。

　一般的には、書面交付ではなく、以下の方法によることになろう（労働基準法施行規則52条の2）。

- 事業所の見やすい場所へ掲示し、または備え付ける方法
- 磁気テープ、磁気ディスクその他これらに準ずる物に記録し、かつ各作業場に労働者が当該記録の内容を常時確認できる機器を設置する方法（社内のイントラネットから自由にアクセスすることが可能な状態とするなど）

---

[18] 変更にかかる合意を認めなかった事案として、アーク証券（本訴）事件（東京地裁　平12. 1.31判決　労判785号45ページ）がある。

裁判例においては、書棚に保管された就業規則につき労働者が希望すれば閲覧できるようになされていた事案（**日音［退職金］事件**　東京地裁　平18. 1.25判決　労判912号63ページ）、労働者が自由に出入りできる経理室の机の上のボックスに「就業規則」というラベル付きで就業規則の写しが常置されていた事案（**メッセ事件**　東京地裁　平22.11.10判決　労判1019号13ページ）、部門長が保管するとともに事務室に備え付け、労働者の説明会でその旨説明していた事案（**房南産業事件**　横浜地裁　平23.10.20判決　労経速2127号11ページ）という各事案において、実質的周知が認められている。

　他方、賃金の決定・計算について、全体朝礼で概略を説明しただけで説明文書の配布や説明会の開催などによって全労働者に具体的に説明する努力を払っていなかった事案（前掲中部カラー事件）では実質的周知は否定されている。とりわけ、賃金制度の変更の場合には、その計算方法や額について具体的に説明することが求められており、周知における情報の理解、認識可能性が厳しく判断される傾向にあることも理解しておくべきである。**野村不動産アーバンネット事件**（東京地裁　令2. 2.27判決　労判1238号74ページ）では、複数回にわたり説明会を開催し、人事制度改定の目的、社員区分の再構築、新しい評価制度の概要、月例賃金の基本給相当の役割給が支給されること等を説明するとともに、個別の照会窓口を設け、従業員からの個別の照会に対しても担当者が対応するなどした上で、当該人事制度の導入前に、変更後の就業規則および諸規程を、新旧対照表を付した上で閲覧できる状態にしたというものについて、従業員に対する説明や当該就業規則の変更に係る周知手続きとしても相当であったと判断されており、実務上参考になる。

（3）就業規則改定の手続き

　就業規則の改定に当たっては、労働条件の不利益変更の直接的な要件ではないものの[19]、労働基準監督署長への届け出のほか、過半数労働組合または過半数代表者の意見聴取の手続きを取らなければならないこ

とも失念してはならない（労働契約法11条、労働基準法89条、90条）[図表１－９]。ここでの意見聴取は文字どおり意見を聞けばよい（諮問）との意であって、同意を得たり協議をしたりするという意味ではない[20]。なお、「過半数代表者」について、労働基準法41条２号に規定する管理監督者ではないこと、および就業規則変更を目的とした意見聴取のための過半数代表者を選出することを明らかにした上で、投票、挙手、労働者による話し合い、持ち回り決議などにより選出することを要する（労働基準法施行規則６条の２第１項）。実務上、正社員のみを母数とする例も散見されるが、母数となる労働者は、正社員だけでなく、パートやアルバイトなど雇用形態を問わず、事業場のすべての労働者であり[21]、管理監督者である労働者も数に含まれることに注意を要する。また、使用者が指名した場合や社員親睦会の幹事などを自動的に選任することも許さ

図表１－９ 就業規則の作成・変更、届け出の流れ

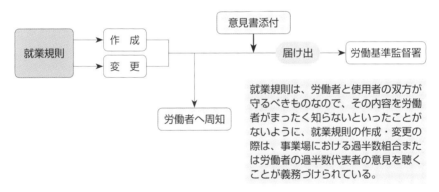

就業規則は、労働者と使用者の双方が守るべきものなので、その内容を労働者がまったく知らないといったことがないように、就業規則の作成・変更の際は、事業場における過半数組合または労働者の過半数代表者の意見を聴くことが義務づけられている。

資料出所：厚生労働省「就業規則を作成しましょう」を一部加工

---

[19] 労働者代表の意見聴取や労働基準監督署長への届け出義務は、就業規則の内容を整備させるとともに行政の監督を容易にしようとするものと解されるから、法的規範としての拘束力を生じさせるための要件ではないとするものとして、前掲学校法人実務学園ほか事件がある。

[20] 菅野・前掲書201ページ

[21] 下請労働者、派遣労働者など使用者を異にする労働者は含まれず、また、「労働者」に該当しない個人委託業者なども含まれない（菅野・前掲書198ページ）。

れない。労働者の親睦団体の代表者が自動的に労働者の過半数代表となって締結された36協定を無効とした裁判例として、**トーコロ事件**（最高裁二小　平13. 6.22判決　労判808号11ページ）がある。

（4）合理性の判断

　実務上、従業員一律賃金カットや手当廃止といった労働条件の集団的変更には、合意や労働協約による規律のみならず、就業規則に定められている労働条件である場合には就業規則の改定が必須といえ、合意原則によらず、使用者による一方的な変更である就業規則の変更による労働条件の不利益変更を実現できるか否か、その要件として、とりわけ「変更の合理性」が認められるかという点を配慮しなければならない（前述した「周知」も効力要件である以上、もちろん軽視してはならない）[22]。

　この「変更の合理性」について、労働契約法10条が、①労働者の受ける不利益の程度、②労働条件の変更の必要性、③変更後の就業規則の内容の相当性、④労働組合等との交渉の状況、⑤その他の就業規則の変更に係る事情を掲げており、これらを総合的に考慮して判断することとなる。各項目の内容としては、おおむね[**図表1－10**]、具体的には[**図表1－11**]のように整理される[23]。

　そこで、本書では、第2章で、この「変更の合理性」について、問題となる各労働条件において具体的にどのような判断が裁判例でなされて

---

[22] 変更の合理性が訴訟において否定され、当該労働者との間での拘束力が認められなくても、変更された就業規則自体が無効となるわけではなく、このような就業規則であっても周知の要件を充足していれば、新規採用の労働者との関係では有効に効果を持ち得る（荒木・菅野・山川・前掲書142ページ）。なお、当該労働者にはこれまで労働契約内容（旧就業規則）で定めていた労働条件が存続するが、当該労働者との関係で変更前の就業規則が復活するというわけではなく、権限者によって就業規則が変更され、それが周知されている限り、変更された就業規則が当該事業場に現存する就業規則であり、当該労働者との関係でも最低基準効を持つのは変更後の就業規則であると解されている（西谷敏ほか編『新基本法コンメンタール 労働基準法・労働契約法 第2版』［日本評論社］395ページ〔山下昇〕、荒木・菅野・山川・前掲書142ページ）。もっとも、実務上、原告となった労働者との間でのみ変更の合理性が否定され当該変更の効力が及ばないだけと整理することは統一的・集団的労働条件の設定の場面としては許容し難く、他の労働者との公平性なども踏まえて、再度就業規則の変更を検討せざるを得ない場合もあろう。

[23] 荒木・前掲書424ページ

図表1-10 合理性の判断イメージ

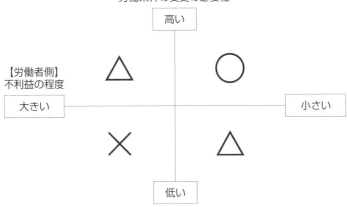

【使用者側】
労働条件の変更の必要性

高い

【労働者側】
不利益の程度

大きい ——— 小さい

低い

○：変更についての使用者側の必要性が高く、かつ、労働者側の不利益が小さいことから、変更には合理性があると認められる可能性が高い。

△：変更についての使用者側の必要性は高いが、労働者側の不利益も大きい。または労働者側の不利益は小さいものの、使用者側の必要性も低いので、変更に合理性があるかどうかは微妙なところ。

×：変更についての労働者側の不利益が大きく、かつ、使用者側の必要性が低いので、変更には合理性がないと判断される可能性が高い。

資料出所：厚生労働省「中小企業のための就業規則講座 就業規則作成・見直しのポイント」を一部加工

図表1-11 就業規則の変更における合理性の判断基準

①**労働者の受ける不利益の程度**
当該就業規則変更によって個々の労働者が被る不利益の程度

②**労働条件の変更の必要性**
使用者が現在の労働条件を維持することが困難である事情

③**変更後の就業規則の内容の相当性**
労働者の受ける不利益以外の、変更後の就業規則の内容自体の相当性、経過措置の有無・内容、代償措置その他関連する他の労働条件の改善状況、同種事項に関する我が国社会における一般的状況等、変更内容の社会的相当性

④**労働組合等との交渉の状況**
労働組合など事業場の労働者の意思を代表するものとの交渉の経緯、結果等。なお、労働組合等には、多数組合、少数組合、労使委員会、過半数代表その他、労働者を代表するもの、労働者集団等が広く含まれる

⑤**その他の就業規則の変更に係る事情**
上記の考慮事項以外の就業規則の変更に係る諸事情

いるのかを中心に検討を加え、労働条件変更の留意点を考察する。その後、第2章での考察を踏まえ、第3章において労働条件変更の手順と、その際に点検すべきチェックポイントを整理する。最後に、第4章で、実務上参照しやすいように、より具体的な場面を想定したQ＆A形式での解説を加えることとする。

第 2 章

裁判例に見る
労働条件変更の留意点
―就業規則の改定による場合を中心に―

1 はじめに

　賃金に限らず、使用者が就業規則の変更により労働条件を不利益変更する場合に、当該就業規則の変更が合理的であるかどうかは、労働者の受ける不利益の程度、労働条件の変更の必要性、変更後の就業規則の内容の相当性、労働組合等との交渉の状況その他就業規則の変更に係る事情に照らして判断されることは、第１章において明らかにしたとおりである（労働契約法10条）[1]。各判断要素は総合的に考慮して判断されることから、就業規則の変更による労働条件の不利益変更に当たって、一つの判断要素のみ切り分けて検討することは相当ではない。不利益の程度と変更の必要性の比較衡量を基本として、その他の判断要素を加味した総合判断により就業規則の変更が合理的なものであるかを見ることとなる[図表２－１]。

　なお、「不利益の程度」は個々の労働者が被る不利益の程度が判断の対象となるため、同一事業場内の労働者間であってもその判断の内容が異なることもあり得る（**クリスタル観光バス［賃金減額］事件**　大阪高裁平19. 1.19判決　労判937号135ページ等）。実務上、その検討に当たっては、全労働者を平均化・均質化してみるのではなく、個々の労働者の受ける不利益がどのようなものであるかという点を丁寧に拾い上げることが肝要である。

　上記個々の判断要素を総合的に勘案して合理性の評価の判断を行うため、最高裁判例でも原審と最高裁の結論が一貫しないことも散見されており、実務上もその判断は容易ではない。本章では、こうした問題解決の一助とすべく、できるだけ多くの裁判例に言及しながら、不利益変更の項目ごとに各判断要素を分析し、実務上の留意点を見ていくこととす

---

[1]　なお、労働基準法89条および90条に規定する就業規則に関する手続きは、同法10条本文の法的効果を生じさせるための要件ではないものの、就業規則の内容の合理性に資するものであるとされており（平24. 8.10　基発0810第２、最終改正：平30.12.28　基発1228第17）、失念してはならない。

図表2－1 合理性の判断イメージ（再掲）

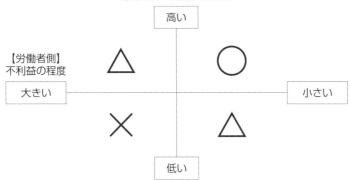

○：変更についての使用者側の必要性が高く、かつ、労働者側の不利益が小さいことから、変更には合理性があると認められる可能性が高い。
△：変更についての使用者側の必要性は高いが、労働者側の不利益も大きい。または労働者側の不利益は小さいものの、使用者側の必要性も低いので、変更に合理性があるかどうかは微妙なところ。
×：変更についての労働者側の不利益が大きく、かつ、使用者側の必要性が低いので、変更には合理性がないと判断される可能性が高い。

資料出所：厚生労働省「中小企業のための就業規則講座 就業規則作成・見直しのポイント」を一部加工

る。ただし、冒頭に述べたとおり、合理性の判断に当たっては各判断要素を総合的に考慮して判断されるため、一部重複する内容があるほか、実際に各企業が不利益変更を行おうとする際には、より緻密な分析と総合的な検討を経て慎重になされる必要があることを理解されたい。

2 賃金の減額

[1]裁判例の状況

(1)総論

　賃金など労働者にとって重要な権利に実質的な不利益を及ぼすには、原則として、当該不利益を労働者に受忍させることを許容できるだけの

高度の必要性に基づいた合理的な内容でなければならないとされ（**みち
のく銀行事件　最高裁一小　平12. 9. 7判決　民集54巻7号2075ページ**
等）、変更の合理性は厳しく判断されることとなる。このため、変更の必
要性や変更後の就業規則の内容の相当性等において、その他の労働条件
の変更に比して、より十分な配慮を要する。変更の必要性はもちろんの
ことであるが、さらに、変更後の就業規則の内容の相当性として、経過
措置（激変緩和措置）の検討・実施、あるいは代償措置や関連労働条件
の改善も必要になると認識しておかなければならない。

（2）変更の必要性

　まず、賃金の不利益変更において重要な要件である「変更の必要性」
について見ていきたい。賃金の不利益変更の合理性を認めた最高裁判例
（**第四銀行事件　最高裁二小　平9. 2.28判決　民集51巻2号705ページ**）
では、「定年延長に伴う人件費の増大、人事の停滞等を抑えることは経営
上必要」と指摘し、定年延長に伴う賃金水準等の見直しは高度の必要性
を有すると判示した。裁判例では、使用者の財務状況を中心にその必要
性を判断されることとなる。

　もっとも、賃金減額が高度の必要性に基づいた合理性を有するかとい
う判断は、就業規則の変更を行わないと使用者の事業が存続することが
できないという極めて高度の必要性が常に必要ということはできず、財
政上の理由のみに限られるということもできないとされており（**国立大
学法人京都大学事件　大阪高裁　平28. 7.13判決　労経速2294号3ペー
ジ**）、実務上、賃金の不利益変更であっても必ずしも財政上の理由のみに
固執せず、広くその必要性を検討すべきである。

　名古屋国際芸術文化交流財団事件（名古屋高裁　平17. 6.23判決　労
判951号74ページ）では、計画どおりに入場者数が達成できず4年間で15
億円の赤字が発生したこと、低金利による資金運用難から累積損失が拡
大したことなどにより経営が危機的状況にあったことを認定しつつも、
5人の職員に支払われる総額人件費が支出総額の3％程度にすぎないこ

とから経費削減の効果はわずかであると指摘し、不利益を法的に受忍させることを許容し得るだけの高度の必要性に基づく合理的な内容とは認められないとして、これを否定している。そのほか、就業規則の変更前後における営業収支・経常収支がともに黒字であること、労働分配率の数値が業界平均を下回っていたことなどから高度の必要性を否定した裁判例（**東豊観光［賃金減額］事件**　大阪地裁　平15. 9. 3判決　労判867号74ページ）や、資金ショートを起こす危険性、売り上げの減少に加え、売り上げ減少が外的要因によるもので会社の努力によって改善することが容易でない状況であったこと、人件費が事業において大きな割合を占めること、親会社からの支援が打ち切られる可能性が高い状況であったことなどの指標により必要性の認定を行っている裁判例（**大阪京阪タクシー事件**　大阪地裁　平22. 2. 3判決　労判1014号47ページ）、金融機関からの借入残高が2億円を超えており、今後大きな増収を見込むことができないことや実態として営業利益が赤字である状況等からすれば、キャッシュフローが大きく不足する状況にあったこと、会社の経費は人件費および減価償却費が大半を占めており、減価償却費を大きく削減することは不可能であることなどを考慮する裁判例（**中野運送店事件**　京都地裁　平26.11.27判決　労判1124号84ページ）などもみられる。

　また、**東京商工会議所事件**（東京地裁　平29. 5. 8判決　労判1187号70ページ）は、従前の賃金体系が年齢に応じて昇給する年齢給（基本給のおおむね半分以上を占める）、職能級に応じて支給される職能給（おおむね滞留年数に応じて昇給し、一度昇給すれば下がることもない）および資格手当で構成され、年功序列の要素が強い制度であったところ、これらを労働者が業務において果たした成果に応じて定められる役割給に一本化して成果主義型の制度に変更した事案である。裁判所は、当該変更を経営難から人件費を削減しようとするものではなく、会員や社会に対してより質の高いサービスを提供するために組織において必要な人材を育成し、組織を強化するなどの観点から人事制度を見直す中で、職員

の能力や成果を適正に評価した上、その評価に応じた報酬を支給することを目的として賃金体系を変更したものであり、賃金の配分の仕方を見直したものと認め、賃金支給総額は維持したまま、雇用施策の一環として賃金の配分を見直す場合、かかる変更の必要性は必ずしも経営難等の事情がなければ肯定できないものではないと判示した[2]。この裁判例では、経営判断として合理的な範囲内であるという観点からの変更の必要性にとどまり、事業継続のために変更せざるを得ないという意味での必要性は認められないが、後は、労働者の受ける不利益の程度や内容の相当性、その他の事情等を総合的に考慮して変更に合理性を認めることができるかどうかを検討するのが相当であるとしており、適切な判断枠組みであると評価される。とりわけ、賃金に関する変更であっても、人件費を削減してその分使用者に利益を留保させる目的による変更であれば、それがなければ経営を継続できないような危機的状況があるかを厳格に考える必要はある。しかし、変更がその制度・賃金体系の変更にとどまり、賃金の配分を見直す場合には不利益変更に該当する場合であっても、その他の要素を丹念に検討し、手当てすることで有効に変更し得るのであって、「高度の必要性」という言葉を過剰に恐れる必要はないであろう。

（3）労働者の受ける不利益の程度[3]

　賃金の減額の合理性判断に当たっては、個々の対象者の賃金減額の程度や全労働者との関係での応分負担の程度が極めて重要な要素となる。

　前掲第四銀行事件（合理性肯定）と前掲みちのく銀行事件（合理性否

---

[2] 賃金等の重要な労働条件について、変更の高度の必要性がないとしても、変更内容の相当性が高度である場合（例えば賃金の変更の不利益性が極小である場合）には、変更の合理性が肯定されることはあってしかるべきと指摘するものとして、荒木尚志『労働法 第4版』[有斐閣]426ページがある。ただし、不利益性が極めて大きい事案では企業存亡にかかる危機的状況が求められる。例えば退職金が50％近く引き下げられた事例で、かかる状況にないとして合理性を否定した裁判例として、月島サマリア病院事件（東京地裁　平13.7.17判決　労判816号63ページ）がある。対して、このような危機的な状況にあったケースで合理性を肯定した裁判例として、日刊工業新聞社事件（東京高裁　平20.2.13判決　労判956号85ページ）があるが、このように不利益性が極めて大きい事案でなければ、そこまでの危機的状況が必要というわけではないと解してよいように思われる。

定）は、いずれも55歳以降の賃金を4割程度減額するといった類似事例であったが、その結論の分水嶺の一つに、労働者の不利益の程度の差異があった。

すなわち、合理性が肯定された前掲第四銀行事件では、前掲みちのく銀行事件と比較して、①減額された55歳以降の賃金についても他行の賃金水準に比較して高額であったこと、②就業規則の変更によって利益を得る労働者がおらず、労働者間の不公平が生じなかったという違いがある。前掲みちのく銀行事件では、「特定の層の行員にのみ賃金コスト抑制の負担を負わせているものといわざるを得ず」、一方的に不利益を受ける労働者について、救済措置なく不利益のみを受忍させることは相当性がないと言及されており、応分負担の原則という観点が重要であることを示唆している。また、高年齢層のみに不利益を強いるものとして変更の合理性を否定した事案として、**キョーイクソフト事件**（東京高裁　平15.4.24判決　労判851号48ページ）がある。

許容され得る賃金減額の幅について画一的な基準は存在しないものの、例えば、前掲大阪京阪タクシー事件では、「ある月の月給にして改定前賃金体系による算定に比して20％を超える大幅な減額となる者もあったところ、同程度を超える減額は乗務員の基本的な権利である賃金を減額するものであるとともに労基法が定める減給の制裁額（就業規則による減給の制裁を一賃金支払期における賃金の総額の10分の1の範囲に制限していること）（同法91条）を踏まえると、被告の倒産回避のため、乗務員の賃金総額の減少をすべき必要性の高さや被告が採用した代償措置を考慮しても、最早、合理性が認められるということはできない」として、20％以上減額する限度では合理性が認められないということで数値によっ

3　当該就業規則変更によって個々の労働者が被る不利益の程度をいい、第1章で述べたとおり、新旧の就業規則の外形的比較において、労働条件ごとに不利益とみなし得る変更があれば労働契約法10条の適用場面を見据えて検討すべきといえる。この際、実質的不利益がない、あるいは可能性にとどまる等の事情はここで不利益の程度が小さい事情として考慮されることとなる（荒木・前掲書424ページ）。

て線引きをした特殊な例も存する。

そのほか、**杉本石油ガス事件**（東京地裁　平14. 7.31決定　労判835号25ページ、賃金の約25％相当減額・合理性否定）、**全日本検数協会（賃金減額）事件**（神戸地裁　平14. 8.23判決　労判836号65ページ、基準内賃金50％減額・合理性否定）などもあるが、必ずしも減額幅のみに着目して判断しているわけではなく、減額の際の指標としての参考にとどめるべきであり、その余の事情をより丹念に検討する必要がある。

（4）労働組合等との交渉の状況

裁判例では、不利益変更につき過半数労働組合との合意が得られれば変更の合理性が一応推測されており（前掲第四銀行事件）、多くの労働者との合意が存在する状況によって、合理性が認められる方向の事情となる。もっとも、当然のことだが、労使の合意がなければ合理性が常に否定されるということではない（**函館信用金庫事件**　最高裁二小　平12. 9.22判決　労判788号17ページ）。

住友重機械工業（賃金減額）事件（東京地裁　平19. 2.14判決　労判938号39ページ）では、基礎賃金10％前後の減額という従業員に対する不利益は少なくないとしつつも、従業員ら約99％で組織される労働組合が合意した事実に着目して、変更の合理性を認めている。また、新人事制度による基本給等の不利益変更が生じた近時の裁判例（**リオン事件**　東京地裁立川支部　平29. 2. 9判決　労判1167号20ページ）でも、被告である会社が、「制度導入までの約１年の間に、組合に対し、資料等を示して制度の内容を何度も説明するなどして、組合の理解を得るための努力をし、更に、子育て支援策の拡充を提案するなど、組合への一応の配慮をしていたということができ」ることを考慮して、結果として組合の要求に応じなかったとしても、被告の労使交渉が一方的であった、あるいは形式的であったと評価することはできないとして、変更の合理性を否定する事情とは認めなかった。また、**シオン学園（三共自動車学校・賃金体系等変更）事件**（東京高裁　平26. 2.26判決　労判1098号46ページ）で

は、 3 年近くにわたり20回以上も団体交渉を行ってきたことを合理性を肯定する事情として考慮している。

そのほか、 Ｘ銀行事件（東京地裁　平25. 2.26判決　労経速2185号14ページ）は、労働組合との交渉状況について、従業員組合との間で非公式に人事制度の見直しについて協議を持ち、その半年後ごろから公式に新人事制度の導入に関して事前説明を行った上で団体交渉を実施し、当該従業員組合は、その 2 カ月後になされた就業規則変更時点では、新人事制度の導入について意見を保留し応諾しなかったものの、さらにその数カ月後にその導入について応諾する旨回答している事案で、このように事後的であっても労働組合が新人事制度の導入について応諾しているという事実は、就業規則変更の有効性を判断する上で無視できない要素というべきである旨を判示した裁判例もある。

［ 2 ］上記裁判例から見る留意点
（ 1 ）変更の必要性

上記のとおり、裁判例では、使用者の財務状況を中心にその必要性を判断しつつ、経費の削減の必要性があったとしても、人件費削減の必要性を直ちに認めないものがみられる。つまり、使用者の経営状況が悪化したとしても、変更の必要性としてはそれだけでは必ずしも十分とはいえず、人件費の削減に至るほどの必要性があるのか（言い換えれば、例えば、人件費よりも先に削減すべきものがないか、人件費を削減することが危機的状況を回避することに有用なのか）という観点からも検討を行う必要がある。もっとも、この点は、先にも言及したとおり、不利益の程度に相関するものであって、賃金の減額という場合であっても、成果主義型の制度変更を行う場合も含め、変更の高度の必要性が常に要求されるものでないことは理解しておくとよい。

（ 2 ）不利益の程度

減額の対象が一部の特定の者となることで、合理性が否定される方向

に働くため、賃金カットの負担は可能な限り従業員に応分負担させることが求められる。

　また、長期的に見れば中立的であるが、短期的に見れば、特定層の労働者のみが不利益を被るような労働者間の不利益の不均衡が生じる場合に、当該層にいる一部の者の短期的な不利益にも十分に配慮しなければ合理性が否定される可能性が高まることも忘れてはならない。実際に、前掲みちのく銀行事件では、人件費総額は上昇していたにもかかわらず合理性を否定されており、賃金原資が減少していない場合であっても、不利益の配分に著しい不均衡が生じ、この不均衡に対する適切な配慮・手当がなければ、合理性が否定される可能性が高いこととなる。

　そして、変更の合理性が認められるためには、賃金の減額幅は１割以下であることが望ましいと指摘されており、賃金の減額という不利益の大きさに鑑みれば一定の指標とはいえよう。もっとも、１割を超えた賃金カットであれば合理性が一律に否定されるものではなく、人件費抑制が喫緊の課題であり、現状のままでは事業が存続できないという極めて高度の必要性に迫られている場合など、不利益の大きさを補うだけのその他の事情が認められる場合には、変更の合理性は肯定され得る。あくまで「不利益の程度」と「変更の必要性」の比較衡量が基本であり、高度の変更の必要性があり、関連労働条件の改善や経過措置、代償措置、労働者側との協議の状況等により高度の相当性などが認められる場合には１割を大きく超えた賃金カットも可能だが、ハードルは相当に高いことも同時に理解しておくべきである（１割未満であれば容易ということでもないので注意を要する）。

　なお、定年年齢引き下げの事案ではあるが、重要な労働条件に不利益を課すものであるから、これが合理的であるといえるためには、経過措置ないし代償措置であると主張する再雇用制度が、かかる不利益に対する経過措置・代償措置として相当なものであるといえることが必要であり、経過措置・代償措置の重要性を示唆するものとして、**大阪経済法律**

学園（定年年齢引下げ）事件（大阪地裁　平25. 2.15判決　労判1072号38ページ）がある。賃金減額によって労働者に生じる不利益を検討することと合わせて、実務上、不利益を緩和する経過措置・代償措置の検討はやはり不可欠と考えるべきである。

（3）変更後の就業規則の内容の相当性

　また、変更後の就業規則の内容の相当性について、減額後の賃金水準が同種同業においてどの程度のレベルにあるかという点も一つの判断材料になるため、業界の動向や賃金水準なども可能な限り把握しておくことが望ましい。

　さらに、関連労働条件の改善、激変緩和措置、代償措置は、賃金カットの場面では検討を行うことが前記のとおり不可欠であると考えるべきであり、内容の相当性という観点からもできる限り実行に移すべきである。

　例えば、減額を暫定的時限的な方法によって行うこと（1年間のみ減額させるなど）や段階的な減額（1年目は5％、2年目は10％というように）を行う方法もあるし、歩合給部分の創設・乗率変更によって個々の努力によっては賃金水準の維持あるいは向上の可能性が残されている制度なども考えられる。経営難による賃金カットを検討する場面では、こうした措置を講じることが容易ではないこともあろうが、大きな不利益性を有する変更には高度の必要性に基づく合理的な内容を要することを意識すべきである。いかに経営難という事情があろうとも、賃金カットのみで経過措置も講じないというのでは、就業規則の不利益変更について合理性を否定される蓋然性が高いことを理解しなければならない。

　繰り返しになるが、関連労働条件の改善、激変緩和、代償といった措置は、賃金カットの場面では必ず検討を行い、可能な限り実施すべき事項であり、とりわけ、特定層の一部の労働者のみに不利益が偏在しないように調整することが大切である。

（4）労働組合等との交渉

　労働組合等との交渉[4]は丁寧に行うのが望ましいことは裁判例からも明らかである。その経過において労働組合への説明を尽くし、合意に至る場合には書面により労働協約化することは非常に有用となる。

　もっとも、就業規則の変更による労働条件の不利益変更は組合員のみならず従業員全体に及ぼされるものであり、協議・折衝のプロセスにおいては、少数者の意見や利益をも尊重した公正な手続きとなっているかという点にも配慮することが重要である。労働組合等との合意は、就業規則の変更による労働条件変更の要件ではないが、とりわけ、賃金という重要な労働条件の変更の場合には、より早い段階で労使協議を開始することが相当であり、性急な協議はできる限り避けるべきであって、時間的猶予を持たせて適切な協議を実施することが望ましい。また、前掲大阪経済法律学園（定年年齢引下げ）事件でも示されているとおり、事後的な応諾であっても有効性判断の要素となり得るのであって、就業規則変更前に合意できなかったからといって直ちに協議・交渉を打ち切ることなく、継続して粘り強く協議し、理解を得るように努めることが有用である。

（5）まとめ

　昨今の状況に合わせて言えば、新型コロナウイルス感染症の影響で経営が苦しいからといっても、早計に労働者の賃金減額を実行することはやはりリスクがあると認識しなければならない。このような場合でも、財務的な深刻さを分析した上で、誰を対象とするのが妥当か、減額幅・期間が相当か、可能な限り協議を尽くしたか、不利益を軽減できる措置はないかということを、立ち止まって検討することが法的リスクを低減させることとなり、労働者の反発、離反を抑えることにもつながる。こ

---

[4] 「労働組合等との交渉の状況」は、労働組合等事業場の労働者の意思を代表するものとの交渉の経緯、結果等をいうものであり、「労働組合等」には、労働者の過半数で組織する労働組合その他の多数労働組合や事業場の過半数を代表する労働者のほか、少数労働組合や、労働者で構成されその意思を代表する親睦団体等労働者の意思を代表するものが広く含まれる（平24. 8.10　基発0810第2、最終改正：平30.12.28　基発1228第17）。

れらの検討が不十分で、変更の合理性が否定され、賃金減額が後日に無効と判断されれば、使用者には未払い賃金があることとなってしまう。2020年3月末に成立し同年4月1日に施行された改正労働基準法115条により、その消滅時効期間は5年（当面の間は3年）となったため、支払総額が増える可能性が高まったことも理解しておく必要がある[5]。また、就業規則の変更に関する変更の合理性が訴訟において否定され、当該労働者との間での拘束力が認められなくとも、変更された就業規則自体が無効となるわけではなく、このような就業規則であっても周知の要件を充足していれば、新規採用の労働者との関係では効力を有し得るが[6]、労働条件の集団的・統一的変更の設定の場面としては容易には許容し難く、他の労働者との公平性なども踏まえて、再度就業規則の変更を検討せざるを得ないことも念頭に置いておくべきであろう[7]。

　なお、就業規則変更による労働条件の不利益変更について変更の合理性が認められる場合であっても、そもそも「労働契約において、労働者及び使用者が就業規則の変更によっては変更されない労働条件として合意していた部分」についてはこの限りではなく（労働契約法10条ただし書き）、個別合意を取得するほかないことにはくれぐれも注意をすべきである。

[5] なお、割増賃金の未払い等で問題となる付加金（同法114条）は、同法20条（解雇予告手当）、26条（休業手当）もしくは37条（割増賃金）および39条9項（年次有給休暇に対する対価）の規定に違反した使用者に命ぜられ得るものであり、賃金減額が無効とされた場合には、その対象にはならない（ただし、賃金減額の無効によって割増賃金の差額が生じる可能性がある場合には付加金の対象となり得る）。
[6] 第1章・注19
[7] 就業規則の変更による労働条件の集団的・統一的変更をめぐる紛争は、利益紛争としての実質を有するものであって、このことからすると、事案によっては、当該変更の一部分についてのみ合理性を認め、その効力を肯定することが事案の適切な解決に資する場合もあると考えられるところであるから、就業規則の変更の一部分についてのみ合理性を承認して有効とし、他方、その余の部分について合理性を否定して、その拘束力を否定する余地があることは否定できないとしつつも、なお慎重であるべきであり、これが認められるためには、少なくとも、一部有効と判断される部分をもって労働者と使用者との間の新たな労働条件として労使間の法律関係を規律するものとすることが客観的に相当であると判断でき、かつ、それが当事者の合理的意思にも反するものではないと評価できることが必要であると解すべきであるとした裁判例として、学校法人札幌大学（給与支給内規変更）事件（札幌地裁　平29.3.30判決　労判1174号12ページ〔結論否定〕）。控訴審である札幌高裁（平29.10.4判決　労判1174号5ページ）も同旨。

53

[3]賃金請求権の放棄(既発生の賃金引き下げ)

　これまで述べた就業規則の変更による賃金減額とは別に、既発生の賃金の引き下げ、すなわち、労働者が現実に就労して発生した賃金請求権を放棄させるという場面もある。この場合、労働基準法24条1項に定める賃金全額払いの原則の趣旨に照らせば、既発生の賃金債権を放棄する意思表示の効力を肯定するには、それが労働者の自由な意思に基づいてされたものであることが明確でなければならず、就業規則の変更あるいは労働協約によっても不利益に変更することはできない[8]。

　北海道国際航空事件(最高裁一小　平15.12.18判決　労判866号14ページ)では、経営不振等により、月の途中で同月初めにさかのぼって賃金を減額するという通告がなされた事案で、労働者側から会社の状況は理解できるが、さかのぼっての賃金減額は違法である等の抗議が行われており、上記通告どおりに減額して支払われた賃金を特に異議を申し出ることなく受け取っていたという事情を踏まえても、同意の意思表示は、労働者の自由な意思に基づいてされたものであることが明確ではないとして、既発生の賃金債権を放棄する意思表示としての効力が否定されている。通常、既にした就労分の賃金を放棄することについて、労働者が容易に応諾するものではなく、いかに差し迫った財務状況であるとしても、賃金請求権の放棄(既発生の賃金引き下げ)は極めて困難であると認識しなければならない。

　新型コロナウイルス感染症のような異常事態に遭遇したとしても、労働者の雇用維持、生活安定という要請は働くのであり、雇用調整助成金等可能な限り手を尽くした上で、せめて将来分(未発生)の賃金の減額をするというのが実務上は穏当といえるのであろう。

8　朝日火災海上保険(石堂・本訴)事件(最高裁一小　平9.3.27判決　労判713号27ページ)、香港上海銀行事件(最高裁一小　平元.9.7判決　労判546号6ページ)等。また、使用者と労働組合との間の合意により当該労働組合に所属する労働者の未払い賃金に係る債権が放棄されたということはできないとしたものとして、平尾事件(最高裁一小　平31.4.25判決　労判1208号5ページ)がある。

[4] 賃金減額の同意

　諸事情を勘案しても、賃金減額の変更の合理性が見いだせないような場合、個々の従業員の同意を得るほかないこととなる。第 1 章でも述べたとおり、いかに企業の経営が厳しく、経営状態を改善するための方策であっても、合意を得ることなく労働条件を不利益に変更することは、合意原則違反として無効となることは当然の理として理解しておかなければならないし（医療法人光優会事件　奈良地裁　平25.10.17判決　労判1084号24ページ）、また、当該合意が公序良俗に反する場合には無効となる。

　さらに、合意そのものは口頭の同意あるいは黙示の同意でも成立するが、その認定については極めて高いハードルがあるし、「賃金の減額という重大な内容の合意が成立したのであれば、その旨を書面化するなどして明らかにしておくことが当然であるというべきである」とまで指摘する裁判例（シー・エー・ピー事件　東京地裁　平26. 1.31判決　労判1100号92ページ）も存するほどであり、実務上、書面化は必須と捉えるべきである。その上で、山梨県民信用組合事件（最高裁二小　平28. 2.19判決　民集70巻 2 号123ページ）で、裁判所は「労働条件の変更が賃金や退職金に関するものである場合には、当該変更を受け入れる旨の労働者の行為があるとしても、労働者が使用者に使用されてその指揮命令に服すべき立場に置かれており、自らの意思決定の基礎となる情報を収集する能力にも限界があることに照らせば、当該行為をもって直ちに労働者の同意があったものとみるのは相当でなく、当該変更に対する労働者の同意の有無についての判断は慎重にされるべきである。そうすると、就業規則に定められた賃金や退職金に関する労働条件の変更に対する労働者の同意の有無については、当該変更を受け入れる旨の労働者の行為の有無だけでなく、当該変更により労働者にもたらされる不利益の内容及び程度、労働者により当該行為がされるに至った経緯及びその態様、当該行為に先立つ労働者への情報提供又は説明の内容等に照らして、当該行為が労働者の自由な意思に基づいてされたものと認めるに足りる合理的

な理由が客観的に存在するか否かという観点からも、判断されるべき」
と判示し、会社による一方的な事情説明に終始して有無を言わせずに同
意書面を取得したとしても無効であり、「労働者の自由な意思に基づいて
されたものと認めるに足りる合理的な理由が客観的に存在するか否か」
という観点からの審査に耐えられるように適切に手続きを尽くさなけれ
ばならない[9]。

　なお、就業規則上、労働者の同意を得ることなく賃金を減額し得ると
の定めが置かれている場合があり、同規定に基づく賃金減額が肯定され
る場合もあり得る[10]。ただし、このような規定については、賃金減額の
根拠として明確なものであることを要し、「昇給させないことがある」と
いう規定内容では、根拠として認められないとした事案として、**チェー
ス・マンハッタン銀行（賃金切下げ）事件**（東京地裁　平6. 9.14判決
労判656号17ページ）がある。さらに、**ユニデンホールディングス事件**
（東京地裁　平28. 7.20判決　労判1156号82ページ）では、「使用者が、
個々の労働者の同意を得ることなく賃金減額を実施した場合において、
当該減額が就業規則上の賃金減額規程に基づくものと主張する場合、賃
金請求権が、労働者にとって最も重要な労働契約上の権利であることに
かんがみれば、当該賃金減額規程が、減額事由、減額方法、減額幅等の
点において、基準としての一定の明確性を有するものでなければ、そも
そも個別の賃金減額の根拠たり得ないものと解するのが相当」と判示し
ている。

　また、**東豊観光事件**（大阪地裁　平13.10.24判決　労判817号21ページ）
では、一定年齢（満55歳）に達した場合を除けば、就業規則上、基本給

---

[9] 同規範を参照して、労働者の自由な意思に基づいてされたものと認めるに足りる合理的な理由が
客観的に存在していたとは認められないとして、給与減額に対する労働者の同意を否定した裁判
例として、木の花ホームほか1社事件（宇都宮地裁　令2. 2.19判決　労判1225号57ページ等）があ
る。

[10] ただし、このような定めは、内容の合理性を欠くものとして契約内容補充効（労働契約法7条）を
有しないとの考えも示されており（荒木・前掲書261ページ）、同規定を根拠とした賃金減額は一
層慎重になすべきである。

について会社の一方的な意思表示によってこれを減額できるという規定やその減額について会社に裁量を与えた規定はなく、また各種手当についても、それがそれぞれの支給要件の充足の有無または支給原因の変更によって減額となる場合は生じるものの、経営上の都合によって一方的に減額できるかどうかについては就業規則の規定するところではないとして、倒産しかねない経営危機下では必要性があれば一方的に賃金を減額することも許される旨の会社主張を排斥して、労働者の同意なく行った賃金減額を認めなかった。

　このほか、就業規則の変更の場面ではなく降格・降級に伴って（つまり、人事権の行使として労働者の同意を取得せずに）賃金の減額がなされる場合も存する。労働契約上の根拠を有することを前提として、使用者は業務上の必要に応じて人事権の行使として、その裁量により勤務場所や担当業務を決定することができる一方で、命令に業務上の必要性がない場合または業務上の必要性が存する場合であっても、それが他の不当な動機・目的をもってされたものであるときもしくは労働者に通常甘受すべき程度を著しく超える不利益を負わせるものであるとき等、特段の事情がある場合には当該命令は人事権の濫用として無効になる（**東亜ペイント事件**　最高裁二小　昭61. 7.14判決　集民148号281ページ）。また、最近の事例として、**創価学会事件**（東京地裁　平31. 3.26判決　判例秘書 L 07430131）においても、同最高裁判決（前掲東亜ペイント事件）を引用し、「業務上の必要性は、当該転勤先への異動が余人をもっては容易に替え難いといった高度の必要性に限定されるものではなく、労働職の適性配置、業務の能率増進、労働者の能力開発、勤務意欲の高揚、業務運営の円滑化等、使用者の合理的運営に寄与する点が認められる限りは、上記業務上の必要性の存在を肯定するべき」とした。

　そして、配転を伴う給与減額に関して、**日本ドナルドソン青梅工場事件**（東京地裁八王子支部　平15.10.30判決　労判866号20ページ）で、裁判所は、配転に伴い給与減額があり得る旨の就業規則を根拠とする一方

的な給与の減額は、給与という労働者にとって最も重要な権利ないし労働条件を変更するものであることに照らすと、使用者の全くの自由裁量で給与の減額を行うことが許容されたものとは到底解されず、そのような不利益を労働者に受忍させることが許容できるだけの高度な必要性に基づいた合理的な事情が認められなければ無効であると判示している。同裁判例では、さらに、給与減額が有効となるためには、配転による仕事の変化と給与の減額の程度が合理的な関連を有していることおよび給与の減額の程度が適切な考課に基づいた合理的な範囲にあることが必要であるとし、その合理性の判断に際しては、不利益性の程度（当該給与の減額に伴ってなされた配転による労働の軽減の程度を含む）、労働者の能力や勤務状況、それに対する使用者側の適切な評価の有無、業務上の必要性の有無、代償措置の有無、従業員側との交渉の経緯等を考慮すべきものとした。

　また、L産業（職務等級降級）事件（東京地裁　平27.10.30判決　労判1132号20ページ）は、それぞれの職務の種類・内容、所掌の範囲やその重要性・責任の大小、要求される専門性の高さ等に応じて細分化したグレードを設定し、個々のグレードに対応する基本給の基準額とその範囲を定め、これを基礎にして支払給与および賞与その他の処遇を定め、担当職務に変更が加われば、これに対応してグレード・基本給にも変更が生じることも当然に予定され、これらの点が就業規則・給与規則において具体的に明らかにされ、社員に対する周知の措置が講じられていたものである。当該事案では、人事発令には業務上の必要性が認められ、他の不当な動機・目的を持ってされたものであると認められない一方、これに伴うグレードの変更と基本給および賞与の減額等を勘案しても、労働者に生じた不利益が通常甘受すべき程度を超えるものとは言い難いから、人事発令およびこれに伴う労働者のグレードの変更を人事権の濫用として無効とみることもできないとして有効と判断された。

　他方、配転に伴う賃金減額について、就業規則等の明確な根拠を欠き、賃金減額を無効としたものとして、**キムラフーズ事件**（福岡地裁　平

31. 4.15判決　労判1205号5ページ）がある。

　以上のとおり、変更の合理性を慎重に検討することを要する就業規則
の変更による労働条件の不利益変更以外の場面であっても、労働者にとっ
て重要な賃金を減額するに当たっては裁判例が指摘する各種検討を要し、
その根拠も明確でなければならない。差し迫った状況下において、根拠
を創設するのでは間に合わないことは明らかであり、平時において可能
な限り手当てしておくことも重要になろう。

3 諸手当の変更・減額

[1]諸手当の支給に関する問題

　労働者に支払われる賃金については、わが国における慣行として特に
基本給以外に各種の諸手当（通勤手当、家族手当、住宅手当、精皆勤手
当、役付手当等）が設けられていることが多い[11]。諸手当は、基本給だ
けでは職務内容を十分に反映した賃金とならないことから手当で配慮し
ようという位置づけで基本給の補完的なものであったり、出勤を奨励す
る精皆勤手当、従業員の能力向上を目指して資格取得を促進する資格手
当、単身赴任に伴う生活上の困難さを補償する単身赴任手当等であった
りと、長年の労使交渉を踏まえ、さまざまな複合的趣旨・目的によって
導入・構成されてきたという歴史が存した。

　ところが、正規雇用労働者と非正規雇用労働者の間の不合理な待遇差
の解消を目指すパートタイム・有期雇用労働法8条（参考：改正前労働
契約法20条）によって、各手当（待遇）のそれぞれについて、当該待遇
に対応する通常の労働者の待遇との間において、当該短時間・有期雇用
労働者および通常の労働者の業務の内容および当該業務に伴う責任の程

---

[11] 厚生労働省「令和2年 就労条件総合調査 結果の概要」によれば、令和元年11月分の常用労働者
1人平均所定内賃金に占める諸手当の割合は14.9%となっており、企業規模別に見ると、規模が小
さいほどこの割合は高くなっている。

度（以下、職務の内容）、当該職務の内容および配置の変更の範囲その他の事情のうち、当該待遇の性質および当該待遇を行う目的に照らして適切と認められるものを考慮して、不合理と認められる相違を設けてはならないとされた。このことにより、前記の長年の労使交渉等の経緯によって構成されてきた複雑な諸手当について、待遇差解消の前提として、手当ごとにその趣旨・目的を整理することが求められ、結果として近年、諸手当の見直しが進められることが多くなっている。また、非正規雇用労働者への付与等有利な変更にとどまらず、これまで支給してきた諸手当の減額・廃止も進んでいる。

　こうした事情があるとしても、以下に述べるとおり、「賃金」の減額である以上、諸手当の減額・廃止は慎重になされる必要が存する。特に中小企業においては、諸手当に関連して就業規則・賃金規程等に明確な根拠のない手当であるとか、規程内容と齟齬のある内容で支給されている例も散見される。このような場合、何が変更対象となる労働条件であるかを適切に把握した上で検討しなければならない。就業規則で「出向手当は、固定残業代として支給する」旨を定められていたものの、労働契約（雇用契約書）では、出向手当は所定労働時間内の賃金に該当し、残業代は出向手当と別途に精算することが定められていた事案において、労働契約成立までの間に、その内容を労働者に説明し、その同意を得ることで就業規則の内容を労働契約の内容そのものとすることを要し、これがなされていないために、出向手当は所定労働時間内の賃金に該当し、残業代は出向手当と別途に精算するとの労働条件が成立しており、当該出向手当を固定残業代とするためには、自由な意思に基づいてされたものと認めるに足りる合理的な理由が客観的に存在する同意、または、従前の労働条件を変更する就業規則を労働者に周知し、かつ、その労働条件変更が合理的なものであること（労働契約法10条）のいずれかを要するとした（**グレースウィット事件**　東京地裁　平29. 8.25判決　労判1210号77ページ）。

[2]諸手当の減額・廃止

　諸手当の減額・廃止についても、諸手当の支給条件や基準が具体的に定められ、労務の対償として労働基準法上の「賃金」に該当することを前提とすると、その減額・廃止による不利益の程度に見合った不利益変更の（高度の）必要性に基づくものかどうかにより合理性判断がなされることは、前述した賃金の減額にかかる場合と基本的に同様である。

　この点、**日本ロール製造事件**（東京地裁　平14. 5.29判決　労判832号36ページ）では、日帰り出張日当、外出時食事補助、時間外食事代、夜勤手当といった福利厚生的性質を有する手当を含めて、その廃止・変更には高度の必要性を要するとして、前記賃金の減額にかかる合理性判断基準と同様の考えを示している。

　ここでは福利厚生的な性質を有する手当でも、金銭的給付の実態および明確な支給基準が定められるものは「賃金」[12]として、その変更の合理性判断のハードルが相応に高い点には留意が必要である。事例として、通勤手当、扶養手当、住宅手当の減額措置を無効とした**公共社会福祉事業協会事件**（大阪地裁　平12. 8.25判決　労判795号34ページ）、地域手当の減額措置を無効とした**池添産業事件**（大阪地裁　平11. 1.27判決　労判760号69ページ）、別居手当、単身赴任用住社宅費、留守宅帰宅旅費の廃止措置を無効とした**アルプス電気事件**（仙台高裁　平21. 6.25判決　労判992号70ページ）、皆勤手当の廃止措置を無効とした**九水運輸商事事件**（福岡高裁　平30. 9.20判決　労判1195号88ページ）などがある。これらについても各判断要素の総合考慮による判断の結果ではあるものの、手当の減額・廃止という不利益変更の合理性判断のハードルが相応に高いことを示すものといえよう[13]。

　先ほど述べたとおり、同一労働同一賃金規制への対応として、有期契約労働者に手当を支給する方向ではなく、無期契約の正社員に付与して

---

[12]　昭22. 9.13　発基17等

きた諸手当の減額・廃止を行う場合もある。望ましい方策といえない面もあるが、現実に賃金原資が有限であり、有期契約労働者の待遇改善のためには無期契約の正社員の待遇を引き下げて原資を創出せざるを得ないこともあろう。こうした場合に、既に労働条件となっている諸手当を減額・廃止することについて、変更の必要性が認められることは十分にあり得る。かえって、こうした諸手当の減額・廃止に踏み込まないまま放置し、有期契約労働者から不合理な待遇差であるとして訴えられて敗訴してしまえば、より大きな支出が強いられることも考えられ、こうしたリスクも見据えた上で、できる限り速やかに対応を決すべきである[14]。

[3]配偶者手当

　家事・育児に専念する妻と仕事に専念する夫といった夫婦間の性別役割分業が一般的であった高度経済成長期に日本の雇用慣行と相まって定着してきた制度である配偶者手当に関し、パートタイム労働で働く配偶者の就業調整につながる配偶者手当（配偶者の収入要件がある配偶者手当）については、配偶者の働き方に中立的な制度となるよう見直しを進めることが望まれ（平28.5.9　基発0509第1）、労使において「配偶者手当」[15]の在り方の検討が求められており、昨今、各社でその改廃を含めた見直しが進められている。こうした通達・要請に基づく諸手当の減額・廃止であっても、やはり不利益変更であることには相違ないことから、

---

[13] やや特殊な事例であるが、全日本海員組合（再雇用賃金）事件（東京高裁　平31.1.24判決　判例秘書L074200236）は、定年退職後、間を置かずに労働者との間で締結された再雇用契約が、1年ごとに有期雇用契約として更新されていたものであり、最初に再雇用契約を締結した時点において原則として65歳までの5年間の更新による継続が想定されていたものであるという事情の下においては、再雇用職員の期末手当に関する労働条件を従前より不利益なものとする期末手当の改定は、再雇用契約が1年ごとに締結されていたとしても、実質的には就業規則が不利益に変更されたものとみるべきであり、改定による新期末手当規定への変更は、労働契約法10条にいう合理的なものといえる場合に限り、効力を有すると解するのが相当であるとした。

[14] パート社員の通勤手当が正社員の半額となっており、正社員の通勤手当を減額する改定前に存在した相違が不合理とした裁判例として、前掲九水運輸商事事件（なお、上告棄却　最高裁二小　平31.3.6決定　ウエストロー2019WLJPCA03066010）。

[15] ここでの「配偶者手当」は、配偶者がいる従業員に対して支給される手当のことをいい、実際の手当の名称は、企業によって「家族手当」「扶養手当」等さまざまである。

これまでに述べてきたような変更の合理性が認められるように工夫する必要があることに変わりはない。

　厚生労働省が公表する「女性の活躍促進に向けた配偶者手当の在り方に関する検討会　報告書」（平成28年4月）の中の具体的な実例には、労使での話し合いとして、常日頃より意見交換を行い、あるいは制度設計の段階から労働組合や従業員へ丁寧に説明を行って合意している事例が多く、1～2年程度の期間をかけての交渉が行われ、労使の話し合いの結果、制度見直し前に手当が支給されていた者を対象として経過措置を講ずることとしたケースも多いと指摘している。また、制度の変更に当たっては、賃金原資の総額が維持されるとともに、不利益を受ける労働者を対象として段階的に支給額を減額していくなどの経過措置が設けられている企業も多いようである。具体的な見直しの内容として、[図表2-2]のような例が示されているほか、新制度決定後は、その導入前に従業員に対して、職場ごとの説明会の開催、経営トップのメッセージ配信、メールによる質問への回答等、丁寧な説明が行われている事例が多い。また、新制度導入後も階層別の教育を継続して行い適正な運用に努めたり、意識調査や労働組合の職場集会での声を反映させて運用を行ったりすることにより、制度導入後も従業員の理解・納得性を高める

図表2-2　「配偶者手当」の具体的な見直し内容（例）

①「配偶者手当」を廃止し、基本給等へ組み入れ、他の家族手当の増額、新手当の創設等をする例
- 家族手当を廃止し、または配偶者を対象から除外し相当部分を基本給等に組み入れる
- 配偶者に対する手当を廃止し、子どもや障害を持つ家族等に対する手当を増額
- 家族手当や住宅手当を廃止し、基礎能力に応じて支給する手当を創設

②「配偶者手当」を縮小する例
- 配偶者に手厚い支給内容を、扶養家族1人当たり同額に変更（配偶者に対する手当を減額し、子ども等に対する手当を増額）
- 配偶者に対する手当を、一定の年齢（3歳の3月末、小学校卒業）までの子どもがいる場合のみに限定して支給
- 管理職および総合職に対する扶養手当を廃止し、実力、成果、貢献に応じて配分

ための取り組みを継続して行っている事例もある、との報告もなされている。配偶者手当に限らず、同報告書は諸手当その他各種の労働条件の減額・廃止に向けた手続き、考慮事項として参照すべきものである[16]。

［4］テレワークに関する諸手当等

　そのほか、新型コロナウイルス感染症の感染拡大への対応策として多くの企業がテレワーク[17]を実施した結果、テレワークは、一部の企業・団体における特別な働き方から、多くの企業・団体による日常的な（当たり前の）働き方へと変化してきたと指摘される。これに伴い、在宅勤務手当といった形で、従業員がテレワークを行う際に要する通信費や水道光熱費を支給する動きがみられる一方、従前支給してきた通勤交通費の一部または全部の不支給という動きもみられる[18]。そもそも、労働者に情報通信機器、作業用品その他の負担をさせる定めをする場合には、当該事項について就業規則に規定しなければならないこととされており（労働基準法89条5号）、また、テレワークを行う労働者について、社内教育や研修制度に関する定めをする場合には、当該事項について就業規則に規定しなければならないこととされる（労働基準法89条7号）。

　さらに、労働契約や就業規則において定められている勤務場所や業務遂行方法の範囲を超えて使用者が労働者にテレワークを行わせる場合には、労働者本人の合意を得た上での労働契約の変更が必要となり、労働者本人の合意を得ずに労働条件の変更を行う場合には、労働条件の不利益変更の問題となる。そのほか、テレワークを実施しやすくするために、労働時間の柔軟な取り扱いを図るため、変形労働時間制・フレックスタ

---

[16]　厚生労働省「『配偶者手当』の在り方の検討に向けて」（実務資料編 令和3年1月改訂版）も資料として示唆に富むものであり、実務上有用である。

[17]　テレワークの形態は、業務を行う場所に応じて、労働者の自宅で行う在宅勤務、労働者の属するメインのオフィス以外に設けられたサテライトオフィス勤務、ノートパソコンや携帯電話等を活用して臨機応変に選択した場所で行うモバイル勤務に分類される。

[18]　在宅勤務に係る費用負担等に関する源泉所得税の課税関係については、国税庁「在宅勤務に係る費用負担等に関するFAQ（源泉所得税関係）」（令和3年1月、令和3年5月31日更新）を参照。

イム制度や事業場外みなし労働時間制の導入も併せて行われることがあり、こうした労働時間制度の変更も不利益変更の問題となり得る。

　新型コロナウイルス感染症の影響により一時的・時限的措置としてテレワークを導入した会社も多いが、テレワークを円滑かつ適切に、制度として導入し、実施するに当たっては、導入目的、対象業務、対象となり得る労働者の範囲、実施場所、テレワーク可能日（労働者の希望、当番制、頻度等）、申請等の手続き、費用負担、労働時間管理の方法や中抜け時間の取り扱い、通常または緊急時の連絡方法等について、あらかじめ労使で十分に話し合い、ルールを定めておくことが重要であり[19]、制度として恒常的に実施導入していくに当たっては適切な検討を行う必要がある。

　本節の諸手当関連では、①情報通信機器、作業用品その他の負担をさせる定め（在宅勤務手当）、あるいは、②通勤手当が主たる検討対象となる。

　テレワーク時の①情報通信機器、作業用品その他の負担をさせる定め（在宅勤務手当）については、従前、テレワークを導入・実施していない会社では格別の定めを置いていなかったところであり、手当の新設は労働条件を不利益に変更する場面ではない。しかしながら、通常、テレワークを導入・実施する場合には、労働時間制度の変更、通勤交通費の全部または一部不支給等その他の労働条件の不利益変更と併せてなされることが多く、こうした場合、在宅勤務手当の創設は、各待遇の不利益変更の有効性判断において不利益の程度の緩和措置等として評価され得ることを意識すべきである。

　実務上、通話料、インターネット利用料などの通信費が増加する場合や、労働者の自宅の電気料金等が増加する場合、実際の費用のうち業務に要した実費の金額を在宅勤務の実態（勤務時間等）を踏まえて合理的・

---

[19] 厚生労働省「テレワークの適切な導入及び実施の推進のためのガイドライン」

客観的に計算し、支給しようとすることが多い。なお、通常必要な費用について、その費用の実費相当額を精算する方法により、企業が従業員に対して支給する一定の金銭については、従業員に対する給与として課税する必要はないが、在宅勤務手当（従業員が在宅勤務に通常必要な費用として使用しなかった場合でも、その金銭を企業に返還する必要がないもの、例えば、企業が従業員に対して毎月5000円を渡し切りで支給するもの）を支給した場合は、従業員に対する給与として課税する必要があるとされており[20]、実務上、給与課税されない手当としての導入はなおハードルが高い状況である。

　テレワークにより、交通機関または有料道路を利用してあるいは自動車や自転車などの交通用具を使用して事業場まで通勤する労働者に対して支給してきた②通勤手当が見直されることがある。従前、事前に会社に提出した合理的な経路による場合の1カ月分あるいは6カ月分等の一定期間の通勤用定期乗車券相当額を支給するといった定めであったところ、テレワークの実施により、こうした支給では非経済的あるいは非合理的となってしまうという場合がある。そのため通勤用定期乗車券相当額の支給を廃止・変更し、テレワーク実施者の1カ月当たり平均の通勤所要回数分の回数乗車券等の支給ができるようにしたり、あるいは、端的に実際の出社回数に往復運賃を乗じて実費支給するものとされている。こうした、経済的実態に合わせた内容への変更であれば、不利益の程度も大きくなく、必要性や内容の相当性も一般的に肯定されるものであり、有効に変更し得ると考えられる。これを超えて、事業場への通勤がある日（テレワークを実施しない日）であっても、月数回あるかないかという程度であり計算の手間が煩雑になるといった事情から、通勤手当を一律廃止してしまう例もあるようだが、このような場合、在宅勤務手当の拡充といった代償措置が講じられていない場合には、通勤手当の廃止と

---

[20]　前掲注18

いう不利益変更が無効となるおそれもあることから、代償措置等の検討を要するのであろう。テレワークの導入に当たっては、先に述べたとおり、労働時間管理の方法等その他にも検討すべき事項が存するところ、制度・仕組みづくりの段階で代償措置等も含め、遺漏なく検討し、労使協議を行っていくことが大切である。

4 賞与の減額・不支給

2020年に全世界を襲った新型コロナウイルス感染症の影響などにより業績が悪化し、賞与の支給を見送る、もしくは通常期よりも減額することを既に実施した企業、あるいは今後検討する企業も多いと思われる。一般的に賞与は、夏と冬の2回支給される場合が多いが、賞与自体は法律に定められたものではなく、当然に使用者に支給義務が生じるものではない。どのような賞与制度を設けるかは使用者の裁量に委ねられるが、通常就業規則等において支給条件や支給内容が明確に定められることは少なく、労使交渉や使用者側での支給決定によって賞与支給が確定される。こうした「定期又は臨時に、原則として労働者の勤務成績に応じて支給されるものであって、その支給額が予め確定されていないもの」(昭22.9.13 発基17)に当たる賞与は、平均賃金の算定基礎(労働基準法12条4項)および割増賃金の算定基礎(同法37条5項、労働基準法施行規則21条5号)から除外され、毎月払いの原則(労働基準法24条2項)の例外と認められる。ただし、こうした賞与についても「臨時の賃金等」として、就業規則の記載事項となる(同法89条1項4号)。

その上で、賞与の具体的請求権について裁判例は、「就業規則等において具体的な支給額又はその算出基準が定められている場合を除き、特段の事情がない限り、賞与に関する労使双方の合意によってはじめて発生する」(**小暮釦製作所事件** 東京地裁 平6.11.15判決 労判666号32ページ)[21]とか、使用者が「人事考課査定をし、個々人の支給額を決定したと

きに具体的請求権として発生する」（京王電鉄［新労組賃金等請求］事件　東京地裁　平15. 4.28判決　労判851号35ページ）などと解している（業績連動型報酬に関して、**クレディ・スイス証券事件**　最高裁一小　平27. 3. 5判決　判タ1416号64ページ）[22]。

　そうすると賞与は、例えば「賞与は、6月と12月に〇カ月分支給する」というように、あらかじめ具体的金額または支給額が一義的に定まる基準が確定している場合、この基準となる係数を変更して賞与を減額したり、あるいは基準を廃止して不支給としたりすることは、労働条件の不利益変更の問題となる。そもそもこうした支給内容となっているものを賞与と呼べるかは疑問もあるが、いずれにせよ、これは既に述べた賃金の減額の一場面に当たるので、就業規則の変更によって不利益変更を行うには、原則として変更の合理性を肯定するための高度の必要性を具備すべきという高いハードルが課されることになる。

　他方、現実には、上記のように賞与の支給額を具体的にあらかじめ定めているケースは必ずしも多くなく、「会社の業績等を考慮して支給する。ただし、業績等によっては支給しないことがある。」といった旨の定め方をしているケースが大半であろう。このような規定があるだけでは労働者に具体的な賞与請求権は発生しないため、仮に業績が悪化したために賞与を不支給とする決定を下すことも可能で、労働条件の不利益変更の問題ではない。ただし、賞与を支給することが「できる」という形

---

[21]　同種判示をするものとして、UBSセキュリティーズ・ジャパン事件（東京地裁　平21.11. 4判決　労判1001号48ページ）。同裁判例は、賞与の支給基準や計算方法を定めたものは存在しなかったこと、入社初年度については賞与の最低保証額を定める場合もあったが、その他の場合には下限額の定めもなかったこと、賞与の支給等については、各年ごとに、会社において、会社の業績、各従業員個人の業績のほか、当該従業員の将来性、さらに、チームヘッドの場合は、当該チームの業績、部下に対する管理能力等、客観的な数値で表すことのできない要素も含め、種々の要素を総合的に考慮して決定されていたことが認められるとし、同社における賞与請求権は、従業員の地位に基づいて当然に何らかの基準により発生するものではなく、会社が支給すべき金額を定めることにより初めて具体的権利として発生するものと認めた。

[22]　賃金規則において、当該営業期の業績に応じて支給することとされており、その計算の根拠となる定めもないことに鑑みると、改定ないし査定があるまで一定額を当然に請求することができるという性質のものではないとして賞与請求権を否定したものとして、フジクラ事件（東京地裁　平31. 3.28判決　労経速2388号 3ページ）がある。

式で定められており、賞与の具体的請求権が発生していると解すること
は困難としながらも、賞与を原則として支給しない制度への変更につい
て、その程度はともかくとして労働条件の不利益変更に該当するとした
裁判例（**紀北川上農業協同組合事件　大阪高裁　平30. 2.27判決　労経
速2349号 9 ページ**）があり、一時的な不支給決定ではなく、制度そのも
のを不支給と変更する場合には、不利益変更の問題と捉えられる可能性
があることに留意すべきである。

　このように、賞与の減額・不支給を検討するに当たっては、自社の賞
与制度の内容を検討する必要があるが、例外的に過去に長年同額の賞与
を支給し続けた事実がある場合には、そのような取り扱いが「労使慣行」
として労働契約になり、その結果、長年の取り扱いと異にする不支給や
減額が労働条件の不利益変更であるとして問題になる場合がある。

　ここでいう「労使慣行」は、同種の行為・事実が長期間反復継続され
るだけではなく、それが労使間で明示的に排除・排斥されておらず、労
使間の規範によって支えられていると評価される場合に「事実たる慣習」
として法的効力が認められる（**商大八戸ノ里ドライビングスクール事件
最高裁一小　平7. 3. 9判決　労判679号30ページ等**）。ただし、従前、前
年度実績を下らない額の賞与が支給されてきたからといって賞与の具体
的請求権を基礎づける労使慣行を認めることはできないと判示されるな
どしており（**松原交通事件　大阪地裁　平9. 5.19判決　労判725号72ペー
ジ**）、容易に法的効力が認められるわけではない。

　賞与に関して労使慣行の法的効力を認めた事案として、**立命館（未払
一時金）事件**（京都地裁　平24. 3.29判決　労判1053号38ページ）があ
る。同事件では、賞与規定は「賞与及び臨時手当を、予算の範囲内で、
理事長が定める要領により支給することができる」という内容であって
具体的な賞与請求権がこれだけでは生じないが、一方で、昭和57年度か
ら平成16年度は一時金の支給基準を年間協定に定め、平成 3 年度から平
成16年度までは年6.1カ月分＋10万円と定めて一時金支給が行われていた

が、その後支給額を1カ月分減額したという事案である。裁判所は、14年もの間一時金を年6.1カ月分＋10万円とする労働協約を締結して支給し、一時金に関する労使交渉の使用者側の回答においても、6カ月を目指すなどと再三回答し、6カ月を下回る額を提示したことがないこと、使用者の業績が毎年変動が予定される企業とは異なること、一時金が個々の職員の勤務成績等を加味するものではなく、全員一律の基準で支給されることといった事情から「一時金の支給基準につき、6カ月以上とすることは明示的に排除・排斥しておらず、6カ月以上とする規範意識に支えられていた」とし、年6カ月以上の一時金を支給することが労働契約の内容となっていたと判示した。同裁判例は、個別の事例判断ではあるが、通常例外的な場合に限り認められる労使慣行の法的効力を賞与に認めた点で使用者側にとっても注視すべき事案である。そして、そのような労使慣行を不利益に変更する場合にも、就業規則の変更による労働条件の不利益変更の場合に準じた判断基準で合理性判断を行っている点は注目に値する。

　以上のとおり、賞与の減額・不支給を検討するに当たっては、まず、自社の賞与制度が具体的な賞与の請求権が発生する規定となっているかを確認し、それだけでは具体的請求権が生じない場合、原則的には一時的に賞与を不支給とすることも可能だが、安易に不利益変更の問題ではないと即断してはならない。毎年同額の賞与を支給している実績がないか、今後もそうした支給を行うことについて労使交渉（使用者において権限を有する者の行動が重要である）などで将来的な拘束力が生じ得る事情がないかといった観点から、労使慣行の成否も検討すべきである。

5 定期昇給の停止・廃止

　定期昇給とは、一定の時期に年齢や勤続年数、職能資格上の等級などの上昇に従い、賃金額が上昇することである。年齢・勤続給制の下でこうし

た定期昇給制度を設けている企業は多いが、その内容もさまざまである。例えば「会社は業績や本人の勤務成績に応じて昇給させる場合がある」といった抽象的規定を設けている場合には、賞与の具体的請求権が生じない場合と同様、これだけでは使用者に定期昇給の法的義務は生じない。

例えば、基本給（年齢給、職能給）について行われる定期昇給について、その昇給額は、通例、査定によって差を付けるが、昇給額支払いの請求権は、昇給の要件（欠格事由等）・基準（率、査定幅・基準等）・手続き（労使交渉、査定手続き等）に従ってその有無、額が確定して初めて発生するものと解される[23]。この点、給与規定に「昇給は年1度行う」と明示されている場合にも具体的昇給基準が定められていないことから定期昇給請求権を否定した事例として、**高見澤電機製作所事件**（東京高裁　平17. 3.30判決　労判911号76ページ）がある。

したがって、前記のような抽象的規定として設けられた定期昇給制度に関して、使用者が定期昇給を停止したとしても直ちに労働条件の不利益変更の問題とはならない[24]。

ただし、**紀北川上農業協同組合事件**（大阪地裁　平29. 4.10判決　労判1165号5ページ）では、「定期昇給ができる」制度から「定期昇給を実施しない」制度への変更について、以下のとおり不利益変更の問題と判示している。つまり、「被告の給与規程は、賞与の支給及び定期昇給の実施について、これらをすることができると規定しているにとどまっており、給与規程を根拠として、賞与や定期昇給に関する具体的な権利が発生すると解することは困難である。しかしながら、（中略）スタッフ職制度規程等においては、賞与は原則として支給しないこと、定期昇給は実施しないことをそれぞれ定めた。そうすると、従前は、被告の裁量によって賞与を支給し、あるいは定期昇給を実施することができたのに対し、ス

[23] 菅野和夫『労働法 第12版』[弘文堂] 430ページ
[24] ベースアップによる昇給についても各人の昇給額の確定により初めて請求権が生じるが、ベースアップは労使交渉により決される問題であり、通常使用者側にベースアップを行うべき法的義務はなく、この停止も同様に不利益変更の問題ではない。

タッフ職制度の導入及び適用によって、賞与が原則的に支給されなくなり、定期昇給も実施されなくなったのであって、これらスタッフ職制度導入の前後における労働者に対する処遇を一般的客観的に対比すると、その程度はともかくとして、本件就業規則等の変更は、労働者の労働条件を不利益に変更するものであると解するのが相当」としている。

　したがって、法的義務のない定期昇給制度であったとしても、制度そのものの廃止の場面では不利益変更の問題と捉える必要がある。そして、その結果、廃止の業務上の必要性や不利益の程度等の合理性の判断を要する。なお、同事件では、「就業規則等の変更については、被告において、同変更に係る高度の必要性があるとまでは認め難いものの、その変更対象が具体的な権利性を欠く賞与や定期昇給に限られるなど変更に伴う不利益の程度が大きいとまではいえない」等と指摘して定期昇給制度の廃止の有効性を認めており、昇給にかかる具体的権利性が認められない場面では、廃止についてもおおむね合理性が肯定されやすいと考えられる。

　他方で、あらかじめ具体的に「会社は毎年○％の昇給を行う」と規定している場合には、使用者に定期昇給の法的義務が発生するため、この停止、条件の減額や廃止は労働条件（賃金）の不利益変更の問題となる[25]。

　上記のような昇給を行う旨の具体的規定が設けられる場面は、あまり典型的ではないであろうが、昇給の法的義務に関して参考となる事例として、**三和機材事件**（千葉地裁　平22. 3.19判決　労判1008号50ページ）がある。

　同事案では、昇給にかかる運用規程等そのものの従業員への適用は否定したものの、「平成元年から平成9年まで毎年継続して、この賃金制度案の賃金表を前提とし、年齢給は年齢に応じ、能力給は、本人の職能等

---

[25] 定期昇給を廃止して成果主義型の賃金体系へ移行するなど、定期昇給の廃止により直ちに賃金の減額を招かないケースも考えられるが、これは不利益変更の問題であると解されたとしても、その必要性や不利益の程度において当該事情が考慮され変更の合理性が認められやすい場合もあろう。

級に応じ、職務要件の項目ごとの 5 段階で評価による昇給及び昇給額によって定期昇給の措置を取っていたものであり、この昇給方法について異議のある従業員はいなかったこと、そして、昇給規程は、毎年、当然に昇給が実施される規程となっていることに照らすと、遅くとも平成 9 年までには、被告らとその従業員との間において、昇給停止事由に該当しない限り、年齢給は年齢に応じ、能力給は職務等級に応じた査定に基づき」昇給および昇給額を算定することを約束する黙示の合意が成立したとして、黙示の合意を従業員らの昇給の法的根拠とした[26]。

　そして、同事案は昇給の停止措置について、「昇給の停止により、被告らの従業員が被る経済的不利益は大きいことを勘案すると、経営にかかる他の合理化措置と同様に論じ、事業の情勢によって昇給停止をするとの規程が適用されるのは、被告の裁量によるものとすることは相当ではなく、①昇給停止が必要な被告らの必要性の内容、程度、②昇給停止の内容、昇給停止により従業員が被る不利益の程度、③労働組合との交渉経過等を考慮して決めるのが相当」として、前記のとおり、労働条件の不利益変更としての規範を用いている。そして、①の必要性については、平成10年度以降の業績がそれ以前に比して大きく落ち込んでいること、被告らが製造、販売している建設機械の内需が著しく減少していることは認定しつつも、会社がその 1 年の売上総額に匹敵する巨額の積み立てを行っていたこと、従業員数からしても定期昇給により派生する支出が多額とはいえないこと等を考慮しており、③の交渉経過については、組合に対し、会社の資産状態を口頭で説明したのは平成13年 3 月期のみであり、それ以外は、組合側から具体的な経理状態の開示要求があったに

---

[26] 他方で、昇給の実施をしないことにつき従業員全員の黙示の承諾を認めた事案として野本商店事件（東京地裁　平9. 3.25判決　労判718号44ページ）がある。また、長期間継続していた定期昇給の慣行が法的拘束力を有すると判断した上、その後にその拘束力が失われたことをうかがわせるに足りる証拠もないとして、平成10年時点で存在した法的拘束力を有する慣行が平成29年度まで引き続き法的拘束力を有するものとして存在していたと認めた事案として、学校法人明泉学園事件（東京地裁　令元.12.12判決　労経速2417号 3 ページ）がある。

もかかわらず、真摯に定期昇給停止の必要性について説明をしたとまで認めることはできないなどと指摘して変更の有効性を否定している。

したがって、使用者としては安易に不利益変更の問題ではないと割り切るのではなく、自社の就業規則等の規程や昇給の運用実態を分析し、昇給の法的義務の有無を検討する必要がある。昇給について具体的な法的義務が観念される場合には、さらに、昇給制度の変更の必要性や従業員に対する不利益の程度、労使協議の経緯等不利益変更に関する合理性判断の考慮要素を踏まえながら定期昇給の停止・廃止の対応を採るべきである。

6 賃金支給日の変更

賃金の減額以外にも、賃金制度の変更として賃金支給日の変更もある。賃金の締め切りおよび支払いの時期は、就業規則に定めなければならない（労働基準法89条2号）。労働者数の増加に伴う集計作業の増大や、変形労働時間制を含むさまざまな労働時間管理を採用することによる作業の複雑化、あるいは取引先からの入金日との関係などで、賃金の締め切りおよび支給日の変更をすることがある。例えば、当月20日締め、25日払いとしていたものを、当月20日締め、翌月10日払いとするなどであり、既往の労働対価としての賃金を現実に支給することが遅れるなどするため不利益変更の問題となる。

労働基準法上、賃金は毎月1回以上支払わなければならないとされており（労働基準法24条2項）、変更時、毎月1回の支給日が維持されるように手当てしなければならないことはもちろんであるが、賃金の締め切りおよび支払いの時期も労働条件であり、上記のとおり不利益変更の問題となるため、使用者がいつでも任意に変更できるものではないことを理解しておく必要がある。労働者にとっては、賃金の支給日に併せて、各種ローンの返済日やクレジットカードの引落日を設定するなどといっ

た生活設計を行っていることもあり、こうした実情を無視して使用者の都合のみで突然翌月から変更すれば、無効な労働条件の不利益変更となってしまう懸念がある。

　実務上、手元資金に比較的余裕があると思われる賞与支給月に合わせて月例賃金の支給日を変更することとして労働者側の負担を軽減したり、また、例えば3カ月後や半年後からの変更といった形で労働者側での各種対応を可能とするよう予告期間を長めに設定したりする措置を講じることが多い。こうした配慮措置を講じている限り、会社側での変更の必要性を適切に説明できれば有効に支給日を変更できる場面が多いと思われる。企業によっては、無利息ないし低利での従業員貸付制度も設け、一時的に資金不足に陥る可能性のある労働者に対して融資をするといった例もみられるようであるが、必ずしもこうした制度を導入しなければ有効に変更し得ないとまで考える必要はないのであろう。この点が問題となった裁判例は見当たらないが、最低限前記のような配慮措置を講じていれば、変更が無効とされるリスクは低いとみてよい。もっとも、労働者との協議等や説明をいかに尽くしたかという点は、変更の有効性のみならず、その後の労使関係にも影響し得るものであるため、横暴だと捉えられるような態様での進め方は厳に慎み、丁寧に進めることが必要である。

7　退職金の変更

[1]退職金の性質

　退職金は、それを支給するか否か、いかなる基準で支給するかがもっぱら使用者の裁量に委ねられている限りは、任意的恩恵的給付であって「賃金」ではないが、大多数の会社における退職金のように、労働協約、就業規則、労働契約などでそれを支給することおよびその支給基準が定められていて、それに従って決定・支給されるものであれば「賃金」と

認められる（昭22. 9.13　発基17）。

　通常、算定基礎賃金に勤続年数別の支給率を乗じて算定され、また、支給基準において自己都合退職と会社都合退職を区別していることを踏まえると、一般に「賃金の後払い」と性格づけられるが、他方で功労報償的性格をも有している（算定基礎賃金は退職時の基本給とされることが多く、また支給率は、通例、勤続年数に応じて逓増していく）と指摘される。もっとも、例えば、ポイント式（退職金資格等級や勤続年数などの要素をポイント化して累積算定する方式）や退職金分を月例賃金や賞与に上乗せして前払いする制度との選択的制度として設けられている退職金等、功労報償的性格が希薄で賃金の後払いの性格が濃厚な退職金制度も存在しており、各社の制度設計により、その内実はさまざまである。

　退職金の性質上、退職金の額は、退職時に発生し、確定することとなる。裁判例においても、「退職金は、継続的な雇用関係の終了を原因として労働者に支給される一時金であるから、原則として雇用関係が終了した時点に発生するものと解される」としている（**アスカ事件**　東京地裁平12.12.18判決　労判807号52ページ）。したがって、退職前の労働者に適用される退職金にかかる規定を変更することは、既に具体的に生じて権利として確定している退職金請求権を変更すること（**香港上海銀行事件**〔最高裁一小　平元. 9. 7判決　労判546号 6 ページ〕は、既に発生した具体的権利としての退職金請求権を事後に締結された労働協約の遡及適用により処分、変更することは許されないとした）とは異なり、労働条件の変更として可能となる。

　なお、いったん発生した退職金について、「賃金」として全額払いの原則（労働基準法24条 1 項）の適用を受けるが、労働者自らが退職金（賃金）を放棄する意思表示をした場合には同原則は適用されない。ただし、その判断に当たっては労働者自らの自由な意思に基づくものであると認めるに足りる合理的な理由が客観的に存在しなければならないとされる

（シンガー・ソーイング・メシーン事件　最高裁二小　昭48. 1.19判決
民集27巻1号27ページ）。

[2]退職金に関する不利益変更

　使用者が退職金にかかる労働条件を不利益に変更するのは、例えば、
経営状況が悪化することを理由として退職金制度の変更により退職金の
減額を行うケースが典型的であるが、そのほかにも退職金の不支給事由
を追加変更する場合や支給対象者を変更・限定すること、また、退職金
制度そのものを成果主義に沿ったシステムに変更することなども考えら
れる。いずれにしても個別的な退職金の減額を行うよりも、労働者全体
としての制度を変更することが通常であろうから、このような場合には
就業規則や労働協約の変更により労働条件の変更を実施することとなる。
もちろん法的有効性をより担保するために、必要に応じて個別の労働者
や退職金制度変更の影響を大きく受ける高年齢の労働者との関係で同意
を取得するなど、より丁寧な対応も検討すべきである[27]。

　労働協約による変更を行う場合には、労働協約の規範的効力（労働組
合法16条）により、退職金にかかる不利益変更もそれをもって直ちに規
範的効力は否定されず、原則として効力が認められ得る（前掲**朝日火災
海上保険［石堂・本訴］**事件　最高裁一小　平9. 3.27判決　労判713号27
ページ、**中央建設国民健康保険組合**事件　東京高裁　平20. 4.23判決　労
判960号25ページ）。

　もっとも、前記のとおり、退職金が「賃金」と認められることが多い
一般的な状況からすれば、本書で既に繰り返し述べているとおり、労働
者にとって重要な権利、労働条件に関し実質的な不利益を及ぼす就業規
則の作成または変更については、当該条項が、そのような不利益を労働

---

[27]　退職金制度を完全に廃止するという従業員に重大な不利益を強いる改定について、単に異議が出
なかったということで同意があったものと推認することはできないとしたものとして協愛事件（大
阪高裁　平22. 3.18判決　労判1015号83ページ）がある。

者に受忍させることを許容できるだけの高度の必要性に基づいた合理的な内容であることが必要となる。そして、労働者が被る不利益の程度、変更後の就業規則の内容自体の相当性、代償措置その他関連する他の労働条件の改善状況、労働組合等との交渉の経緯等を総合考慮して判断することとなる枠組みは他の労働条件の不利益変更と変わるところはない。

　参考となる指標として、平成10年10月に最高裁で行われた協議内容にかかる資料である「労働関係民事・行政事件担当裁判官協議会における協議の概要」（最高裁秘書第353号・最高裁判所事務総局）がある。これによれば要旨、退職金の減額にかかる事案についても前掲第四銀行事件にかかる判断枠組みが参考となるとされ、考慮すべき要素として①経営再建策全体の中での退職金削減措置の位置づけ、②他の同種法人における経営再建策との比較、③その業界一般における退職金額と変更後の退職金額との比較、④減額規程の段階的適用、猶予措置の有無、⑤職員全体会議の実態等が問題となるとしている。さらに、真に職員全体会議での任意の決定がされたと見られるのであれば、労働条件の変更についての個別的な同意が成立したとみる余地も生じる等の理由により、上記要素の中でも⑤の職員全体会議の実態はかなり重要な要素となるとの意見が多いとされている。

　したがって、労働者の不利益の程度のほか、退職金については、労使協議の経過とともに、不利益を受ける度合いの高い労働者の意見がどの程度反映されているか、その救済策（例えば再就職支援金の支給、経過措置、早期退職にかかる優遇等）が検討されているかといった点がその合理性判断において特に重要なファクターであることが指摘できるであろう。

［3］退職金の減額に関する裁判例

　退職金の減額について、不利益変更にかかる高度の必要性を否定した例として、前掲アスカ事件のほか、就業規則変更後の退職金算定方法に

つき、経営は少なくとも安定的ではなかった上、一定程度悪化していたことが認められるが、経営状態が倒産の危機に瀕していたとまでは認められず、代償措置や従業員の明示的な受容も認められないとして、変更の合理性が否定された前掲**月島サマリア病院事件**（東京地裁　平13. 7.17労判816号63ページ）や、前々期と比較して売上高は落ち込んでいるものの、営業利益、経常利益とも上回っていることなどを指摘して、退職金支給率改訂に合理性が存したかは疑問があるとした**三協事件**（東京地裁　平7. 3. 7判決　労判679号78ページ）、退職金が70％以上減額となった事案において、高度の必要性を否定した前掲名古屋国際芸術文化交流財団事件などがある。

　他方、更生計画遂行中の造船会社が、従業員の退職金に関する就業規則の規定を変更して、退職金を減額し、15年間の分割払とすることとしたことにつき、不況が継続する中で近い将来再び倒産することが高度の蓋然性をもって予測される状況にあるなど、就業規則を変更する必要性が認められること、その減額率も最高でも15.6％で、労働者の退職金を受ける権利を著しく損なうものとまでいうことはできず、会社の経営状態に照らし必要やむを得ない相当な範囲内のものであること、労働組合の賛同も得ていること等の事情から高度の合理性があるとしたもの（**更生会社日魯造船事件**　仙台地裁　平2.10.15判決　労民集41巻5号846ページ）や、労働者の被る不利益の程度は退職金の50％の削減という大きいものであったが、使用者側の変更の必要性は極めて重大であり、倒産により清算的処理をするか、再建の方策を採るかの二者択一を迫られ、倒産により見込まれる労働債権の配当率が低い水準にとどまる中で、倒産の危機に瀕した会社が倒産を回避するための経営再建策の一つとして退職金の減額を行うこと自体はその内容に合理性があるとしたものもある（前掲**日刊工業新聞社事件**　東京高裁　平20. 2.13判決　労判956号85ページ）。このほか退職金の支給率を20％引き下げたものの、会社更生手続きが破綻して破産手続きに移行せざるを得なかった状況下での高度の

必要性を認めた事案もある（更生会社新潟鐵工所［退職金第１］事件
東京地裁　平16. 3. 9判決　労判875号33ページ)[28]。

[4]その他の不利益変更の態様

　そのほか、退職金額や支給率を単に減じる方法とは異なる不利益変更
の態様も考えられる。

　例えば、**ドラール事件**（札幌地裁　平14. 2.15判決　労判837号66ペー
ジ）は、勤続年数と支給率に応じて一定額に定めていた退職金の支払い
につき、経営状態に著しい変化が生じたとき等に減額したり、不支給と
したりすることを取締役会において個別決定する旨の就業規則の変更を
行った事案である。ここでは当該変更について、相当程度の収益の悪化
があるとしても、具体的にどのような検討をしたのか明らかではなく、
退職金支給額の圧縮が収益の改善のために必要不可欠の措置といえると
は証拠上認められず、また、従業員が被った不利益は甚大であるという
べきであるばかりか、安定した労使関係を確保するという見地から見て
も合理性ないし社会的妥当性に疑問があるとされた。さらには改訂に当
たり、従業員が被る前記不利益に対する代償措置やこれを緩和する措置
を設けたり、関連する他の労働条件を改善したことを認めるに足りる証
拠もなく、従業員の過半数で組織する労働組合または従業員の過半数を
代表する者の意見を聴取したと認めるに足りる証拠はないから、その変
更手続きそれ自体の正当性にも疑義があり、結論において、改訂は、こ
れによる不利益を労働者に法的に受忍させることを許容できるだけの高
度の必要性に基づいた合理的な内容のものであるとは言い難いとして、
これに同意しない労働者に対してその効力を認めなかった。

　また、**芝電化事件**（東京地裁　平22. 6.25判決　労判1016号46ページ）

---

[28]　国立大学法人佐賀大学事件（福岡高裁　平29.11.10判決　労経速2361号49ページ）は、国家公務員
退職手当法の改正に準じた退職手当支給率変更を有効とした（上告棄却　最高裁一小　平30. 5.24
決定　労経速2361号49ページ）。

は、退職金規程に「やむを得ない業務上の都合による解雇」のほかに「経営の簡素化、事業の縮小、職務の改廃、不況による経営の悪化、その他会社業務の都合」による解雇が併記されることになり、後者に該当する場合には前者の場合に支給される退職金を半減するとの改訂を行った事案で、労働者に対して重大な経済的不利益を生じさせるものである上、その変更後の規定は、いささか強引かつ恣意的なものであるばかりか、既発生の退職金の額を大きく減殺させるものであり社会的相当性の点でも疑義があると判示されている。

同様に、不支給・減額事由を就業規則に追加変更する不利益変更については、以下のような裁判例がある。

東京ゼネラル事件（東京地裁 平12. 1.21判決 労経速1751号 7 ページ）は、退職後の競業（就業）制限の規定とともに、「所定用紙による会社の承諾を得ないで、退職後 1 年以内に会社と同種または類似の競業を営みまたは同業競合会社に就職した場合」等の退職金の支給制限の規定が設けられ、これに基づき退職金を 5 割減額した事案である。裁判所は、「変更内容（競業制限を受ける従業員の範囲を限定しており、期間も退職後 1 年間に限定している。また、被告の承諾を得れば競業他社への就職も可能な内容となっている。退職金についても常に不支給とはしていない）、変更の必要性（要職に就いていた従業員が大量に退職して競業他社に就職すれば、企業の存続にも重大な影響を及ぼしかねない）、労働条件の改善（特に功労金支給制度の新設）及び変更の手続（他の多くの従業員は変更に同意していると認められる）等からすれば、退職金など労働者にとって重要な権利、労働条件に関し実質的な不利益を及ぼす就業規則の変更等については、当該条項が、そのような不利益を労働者に法的に受忍させることを許容することができるだけの高度の必要性に基づいた合理的な内容のものである」と判示した。

また、**洛陽総合学院事件**（京都地裁 平17. 7.27判決 労判900号13ページ）は、就業規則に従業員に対する退職金の不支給または減額事由

として「懲戒解雇または解雇により退職したものは、退職金、退職記念品料の全部または一部を支給しないことがある」と定められていた規定を、「懲戒解雇または解雇並びに迷惑退職・直前退職（14日以内退職）により退職したものは、退職金、退職記念品料の全部または一部を支給しないことがある」と変更し、「迷惑退職」により退職金のうち4分の1を減額して支給した事案において、裁判所は、「本件変更は、従業員に対する退職金の支給基準や支給額そのものを変更するものではなく、解雇の場合以外に、従業員について『迷惑退職』又は『直前退職』に該当する事由がある場合に限って退職金を減額又は不支給とするものであり、上記事由がない場合には、従前どおりの基準及び額に従った退職金が支給されるものであると解されるし、（中略）職員会議において、上記『迷惑退職』又は『直前退職』に該当する事由（中略）と説明していることが認められ、そうすると結局、本件変更は、従業員の側に一定の責に帰すべき事由が存在し、それにより被告が迷惑を被った場合に限って退職金を減額又は不支給とする趣旨のものにすぎないと理解されることをも考慮すると、本件変更により従業員の被る不利益がことさらに大きいものとまでいうことは困難」として、従業員への不利益の程度が限定的であることからその変更を有効とした。

　このように退職金額を直接的に減額するのではなく、一定の場合に退職金を一部ないし全部不支給とし得る条項を追加する場合においても、その判断基準は総じて一貫しており、競業避止義務の範囲の限定に見られるとおり、不支給となる事由が限定されている場合には従業員に対する不利益も限定的と判断される。また、前掲芝電化事件と比較すると、不支給事由そのものが合理的な内容と評価できるもので、その発動事由が従業員の帰責性を有するか否かという点にあることは重要である。従業員の帰責性により不支給事由に該当する場合には、変更の合理性が肯定されやすくなると考えられる。

[5]役員に対する退職慰労金制度

　役員に対する退職慰労金制度を採用している企業において、この退職慰労金も、役員報酬同様に会社法361条1項の規制を受けるが、企業において役員退職慰労金規程などの変更により退職慰労金の減額を行い得るかという類似の問題がある。

　もみじ銀行事件（最高裁三小　平22. 3.16判決　労判1004号6ページ）は、株主総会の決議を経て、役員に対する退職慰労金の算定基準等を定める会社の規程に従い支給されることとなった取締役の報酬等に当たる退職慰労年金について[29]、規程の廃止の効力を既に退任した取締役に及ぼし、その同意なく未支給の退職慰労年金債権を失わせることができるかが争点となった事案である。最高裁は「退任取締役が被上告人の株主総会決議による個別の判断を経て具体的な退職慰労年金債権を取得したものである以上、その支給期間が長期にわたり、その間に社会経済情勢等が変化し得ることや、その後の本件内規の改廃により将来退任する取締役との間に不公平が生ずるおそれがあることなどを勘案しても、退職慰労年金については、上記のような集団的、画一的処理が制度上要請されているという理由のみから、本件内規の廃止の効力を既に退任した取締役に及ぼすことは許されず、その同意なく上記退職慰労年金債権を失わせることはできないと解するのが相当」と判断した。

　そもそも、定款に退職慰労金に関する定めのない場合、退職慰労金請求権は株主総会の決議によって初めて発生するのであり（**前田製菓事件**　最高裁二小　昭56. 5.11判決　判時1009号124ページ、最高裁二小　平15. 2.21判決　金商1180号29ページ）、明示的または黙示的に特約が存したり、あるいは退職慰労金に関する会社内規が存したりしても、それだ

---

[29] 議案が一定の基準に従い退職慰労金の額を決定することを取締役、監査役その他の第三者に一任するものであるときは、各株主が当該基準を知ることができるようにするための適切な措置を講じている場合を除き、株主総会参考書類に当該一定の基準の内容を記載しなければならないとされているが（会社法施行規則82条）、中小企業では適切な措置を講じていないにもかかわらず、株主参考書類に基準内容の記載がなされていない例もみられ、注意すべきである。

けでは直ちに請求権が発生しない。事後に有効な同意を得ることは困難であると理解した上で、とりわけ年金については支給決議を行うに際して将来的な履行可能性も踏まえて過度な負担とならないよう慎重に設計しておくことが望ましいであろう。

8 退職年金の変更

[1]退職年金の種別

　退職年金や企業年金といわれる制度は、従業員の退職後の保障として設けられるもので、一般的には、法律による根拠を有する厚生年金基金、確定給付企業年金、確定拠出年金といった制度のほか、企業が独自の制度設計を行う自社年金制度がある。これらは公的年金制度（1階部分、2階部分）のさらに上に設けられる3階部分とされており、いわゆる退職時の退職金は、退職一時金として支給され、その後に退職年金を併用して支給するケースが多い。

　「確定給付企業年金」は、平成14年4月に施行された確定給付企業年金法に基づき導入された。同年金は、労使が合意した年金規約に基づき、企業と信託会社・生命保険会社等が契約を締結し、母体企業外で年金資産の管理・運用・給付を行う「規約型」と、母体企業とは別の法人基金を設立し、基金において年金資産の管理・運用・給付を行う「基金型」の2タイプがある。

　「確定拠出年金」は、平成13年10月から確定拠出年金法に基づき導入された制度で、年金の給付額が確定している確定給付企業年金等とは異なり、拠出された掛金を個人が自らの責任で運用し、その運用結果によって各人への給付額が変動する制度である。

　他方、「自社年金」は企業各自が内部留保の資産により給付を行うもので特段法令上の規制はなく、就業規則や年金規程に基づき給付される。この場合、「賃金」に当たる「退職手当」として就業規則の相対的必要記

載事項（労働基準法89条３号の２）となる。

［２］年金規程の改廃

（１）不利益変更該当性

　企業が、年金規程を改廃することにより、自社の退職年金を減額や廃止する場合には労働条件の不利益変更となる。裁判例においても、「退職年金は、就業規則としての性質を有する退職金規定に明文で定められ、一定の基準に従って全従業員について一律に支給されるものであるから、労働契約上被告に支払義務のある退職金の一部であることが認められる」とされる（**幸福銀行事件**　大阪地裁　平10. 4.13判決　労判744号54ページ）。

　そして、この不利益変更によって影響を受け得る者は、就業規則の適用を受ける従業員として在籍している者とともに、既に退職年金の受給を受けている者の双方が考えられる。

（２）在籍従業員

　就業規則や退職年金規程の適用を受ける現役の従業員については、年金規程の改廃による不利益変更の合理性の要件を充足するかという点で、これまで本書において言及した規範が妥当する。

　例えば、経営難を理由に満20年以上勤務し年齢満55歳以上に達して退職した者は、退職の翌月から勤務期間と同期間にわたって退職時の俸給年額の３分の１の金額の支給を受けることができる内容を含む年金制度を廃止した**名古屋学院事件**（名古屋高裁　平7. 7.19判決　労判700号95ページ）では、「一般に新たな就業規則の作成又は変更によって、労働者の既得の権利を奪い、労働者に不利益な労働条件を一方的に課することは、原則として許されないところであるが、労働条件の集合的処理、特にその統一的かつ画一的な決定を建前とする就業規則の性質からして、当該就業規則の作成又は変更に合理性が認められる場合には、個々の労働者に等しく適用される」とした上で、年金制度の将来予測や法人の財

政的基盤が十分ではないことから「本件年金制度につき抜本的な改革を要する状態にあったもの」とその変更の必要性を肯定し、さらに、当該年金制度の廃止が「職員に不利益を与えるものであるが、他方、代償措置として退職金制度の改正、非常勤講師としての再雇用制度の新設等考慮すると、他に私学共済年金制度が存在することと相まって、控訴人らが定年後において、相当程度の生活を維持しうる水準の収入を得ることが可能となっていることが認められるので、その内容も相当性がある」などとして、年金制度を廃止する就業規則の改廃には合理性があると判示した。

　このほか、**東京油槽事件**（東京地裁　平10.10. 5判決　労判758号82ページ）は、基本給を30％減額し、退職金の算定基礎年齢を頭打ちとすること等を定めた新就業規則によって賃金および退職金を受領した労働者が、退職後これを不服として旧就業規則に基づく賃金・退職金との差額を請求した事案であるが、裁判所は、就業規則の改定は、会社が全従業員に対して個別面接による説明を行い、同意書を得て実行したものであるところ、右労働者は新就業規則の内容を認識した上で明確に同意したとして、同意の有効性を認めて請求を棄却した。

（3）退職者

　既に退職年金の受給を受けている者は企業を退職していることから、その企業の就業規則の適用は原則として認められない。もっとも、退職年金の根拠とされる退職年金規程において年金契約等が成立してこれに拘束され、将来的な経済情勢や社会保障制度の変動等により年金規程の改廃を行うことができる改訂条項が設けられている場合には、これに基づき既に退職して退職年金を受給している者との関係においても、退職年金の減額を認める判断が複数なされており、その改廃の効力が及び得るものとして対応することとなる。

　例えば、年金の受給額を約 5 年間かけて段階的に35％減じる年金規則の変更を行った**早稲田大学（年金減額）事件**（東京高裁　平21.10.29判

決　労判995号5ページ）において、「本件年金契約は、その内容が本件年金規則によって一律に規律されることを前提とし、加入者もそのことを容認し、また、退職後の給付内容についても、本件年金規則に定められた内容に従って決定されることを容認していたものと解されるのであり、他方、控訴人も、契約内容や給付額が加入者との個別の合意によって決定されるものとは考えていなかったものといえる。したがって、被控訴人らは、他の加入者又は受給者と同様に、本件年金規則の定めによる年金契約を締結したことにより、在職中のみならず、退職後、受給者となってからも、同規則による規律を受ける立場にあるものと解される」と述べた上で、「この規則による年金制度は、5年ごとに、教職員の増減、俸給の改訂、貨幣価値の変動、年金基金の利殖の状況等に照らして再検討を加えるものとし、必要に応じて、調整を図るものとする。」との改訂条項により、「年金制度を維持するために必要な合理的な範囲内で給付額の減額を行うことも、上記の規定により許容されていた」として、「在職中のみならず、退職後、受給者となってからも、同規則による規律を受ける立場にあるものと解される」とし、退職後の年金受給者において、年金規程の改訂条項に基づく年金額の減額変更の効力が及ぶことを明確にし、財政状況の悪化による年金制度の破綻を回避するといった改訂の必要性や、当該変更が受給者への説明資料の交付や説明会だけではなく、労働組合との団体交渉、確定給付企業年金における給付減額の手続きに準じて受給者の3分の2を超える同意を得ていた等の手続きの相当性などを考慮して減額変更を有効とした。

　同様に年金規程の拘束力を肯定した上で、就業規則変更の合理性判断と類似の判断を行ったものとして、松下電器産業（年金減額）事件（大阪高裁　平18.11.28判決　労判930号13ページ、最高裁一小　平19.5.23決定　労判937号194ページ）がある。そのほか、厚生年金基金の規約変更による事案であるが、りそな企業年金基金・りそな銀行（退職年金）事件（東京高裁　平21.3.25判決　労判985号58ページ）も同様の判断手法

を用いている。

（4）実務上の留意点

　以上のように、改訂条項を前提として、実務上、現役従業員と退職した年金受給者に関して同様の判断基準を用いていることになるが、これが適切かは検討の余地があると指摘されるものの、現役世代から退職世代まで継続する集団的制度として設計されている企業年金について、その設計、展開、存続、廃止という制度的一体性が不可欠であり、共通の枠組みによる判断も妥当とされており、こうした判断基準によることでよいのであろう。

　少し特殊なケースとして、前掲幸福銀行事件では、終身支給の自社年金を規程で定められる額の３倍以上支給していた銀行において、バブル経済崩壊後の経営悪化に伴い、退職年金の支給額を退職年金の規程額に減額したが、裁判所は、退職後年金受給の際に交付されていた年金通知書において退職年金として支給する旨の個別の合意が成立したとし、「訂正変更条項が存在することを認識したうえで退職年金の受給を開始したことが認められるから、右合意においては、退職金の支給開始後に、社会情勢や社会保障制度の著しい変動や被告銀行の都合により、被告においてその支給額を改定することができることが当然の前提とされていた」が、「退職年金の減額は、年金通知書に経済情勢及び社会保障制度などに著しい変動があった場合が例示されていることに鑑み、これらの事情又はこれに準ずるような一定の合理性及び必要性が認められる場合にのみ許されると解すべきであり、そのような合理性及び必要性がないにもかかわらず恣意的に行った減額は、権利の濫用として、無効となるというべき」として、労使間の退職年金にかかる個別合意中の改訂条項に基づく年金額の減額が、権利濫用に該当しないかという観点で判断を行っているものもある。

　さらに、退職年金の廃止・打ち切りが争われた事案についてみると、幸福銀行（年金打切り）事件（大阪地裁　平12.12.20判決　労判801号21

ページ）において、「退職年金請求権は、すでに支給要件を満たしたことによって具体的かつ確定的に発生した金銭債権であり、その法的性格も功労報償的な性格が強いとはいえ、なお、労働基準法にいう賃金としての性格を否定されないものであって、被告の裁量によって支給の有無や支給額を左右することができるものではないのであるから、これに事情変更の原則を適用できる場合があるとしても、少なくとも通常の金銭債権に対すると同等の要件による保護が与えられなければならない」とし、一般原則にいう事情変更の原則について、「平均余命を参考にするなどしてその支給に必要な経費を予測し、その支給原資を社内留保するなどすることはできたし、早期に退職年金規程を改訂して経費増大を抑制するなどの対処をとることもできたのであって、社内留保金を払底させたのは被告自らの経営判断の過誤によるものというほかなく、その間にバブル経済崩壊といわれる経済状況の変動があったとしても、それらが事情変更の原則にいう事情の変更に該当するものとはいえない」とした。さらに、「退職年金支給打切に際して、原告ら各自の退職年金月額の三か月分相当を支払っているが、右の程度では、単に打ち切り時期を三か月後に設定したというのと何らの径庭はなく、退職年金請求権の法的性格に照らし到底適正妥当な代償措置などと認め得るものではない」とし、費用最小化の要請をいかに重視したとしても、事情変更の原則を適用して支給打ち切りを正当化することはできないとし、退職年金の支給の打ち切りは違法無効とした。

　退職年金の廃止については、退職者が受ける不利益は大きなものとなり、厳格に判断されることになるため、実務上、一時金支給であるとか段階的廃止といった経過措置または代償措置を講じながら、適切な説明と情報提供を行い、可能な限り退職者の同意を得ることが望ましいであろう。

9 人事制度・評価制度の変更 （成果主義型賃金制度の導入）

[1]総論

　賃金に関する変更には、賃金原資を一定割合で減額することとして賃金を切り下げて人件費を削減する場合のほか、年功的な賃金制度を変更し、賃金原資を維持しつつ従業員の能力や業績に応じた成果主義型の人事制度を設計・変更する場合もある。このような場合も人事評価の結果、賃金が減額される可能性が生じることから、労働条件の不利益変更に該当する[30]。したがって、就業規則の変更により成果主義型賃金制度へ変更する場合、その変更の必要性や労働者への不利益の程度といった要素が考慮されることとなるが、制度変更の結果、人により、また、年により賃金額が増減する場合が多く、その変更の合理性の判断過程においては、賃金の減額と異なる点もある[31]。

[2]裁判例および実務における留意点

　年功序列型の賃金制度から成果主義型賃金制度を導入した事案にかかる裁判例（**ノイズ研究所事件　東京高裁　平18. 6.22判決　労判920号5ページ**）では、①海外メーカーとの競争激化の経営状況の中で従業員の活力を引き出し、もって業績を好転させるなど賃金制度変更の高度の必要性を肯定し、②新賃金制度は、従業員の賃金原資総額を減少させるものではなく、その配分の仕方を改めるもので、個々の賃金額はその職務内容や評価に基づく格付けによって決定され、平等な機会が与えられているから合理的である、③人事考課査定についても評価制度として最低

---

[30] 年功賃金を成果主義型賃金に変更する場合、従来の賃金体系に比して減額の可能性が生じており、その就業規則変更によってもたらされた労働条件の安定の喪失自体を不利益と捉えることができると指摘するものとして、荒木尚志・菅野和夫・山川隆一『詳説　労働契約法　第2版』［弘文堂］135ページ。

[31] この点を指摘するものとして、菅野・前掲書433ページ。

限度必要な程度を備えており、④新賃金制度への変更に当たりあらかじ
め従業員に変更内容を通知して周知に努め、組合との団体交渉に応じて
労使間の合意を成立させることにより新賃金制度の変更を行おうとする
態度に欠ける点はなかった、⑤賃金制度の変更に際して執られた経過措
置は、制度変更の1年目は差額に相当する調整手当を全額、2年目は50
％、3年目はゼロというものであって、柔軟性に欠ける嫌いがないとは
いえないが、それなりの緩和措置としての意義を有するとして、新賃金
制度への変更の合理性を肯定した。

　賃金制度の変更という観点から特に注目すべきは、前記②および③の
要件である。まず、賃金の減額と異なる点として、成果主義型賃金制度
への変更は、あくまで賃金の配分を合理的に改めることが主であって、
賃金の総原資を減少させるものではない点である。**トライグループ事件**
（東京地裁　平30. 2.22判決　労経速2349号24ページ）でも、成果主義型
賃金制度に変更する場合に、賃金の原資総額が減少する場合と、原資総
額は減少せず個々の労働者の賃金の増額と減額が人事評価の結果として
生ずる場合とでは、就業規則変更の合理性の判断枠組みを異にするべき
と判示されている。

　また、前掲ノイズ研究所事件判決が、各従業員に昇格昇給の平等な機
会が与えられていることを指摘して合理性判断を行っているが、他方で、
新賃金制度について、賃金を高年齢層から若年齢層に再配分するもので
あり、高年齢層にのみ不利益を強いるものとなっていることから、各従
業員に昇格、昇給の平等な機会が付与されておらず相当性を欠くとされ
た事案（前掲キョーイクソフト事件）もあり、特定層の従業員が本人の
能力や業績などとは関係なく不利益を被る制度は、制度自体の相当性が
否定される方向に働く。

　前掲トライグループ事件判決は、さらに賃金の総原資が減少しない場
合には、労働者の不利益の程度および変更後の就業規則の内容の合理性
判断に当たって「給与等級や業務内容等が共通する従業員の間で人事評

価の基準や評価の結果に基づく昇給、昇格、降給及び降格の結果についての平等性が確保されているか否か、評価の主体、評価の方法及び評価の基準、評価の開示等について、人事評価における使用者の裁量の逸脱、濫用を防止する一定の制度的な担保がされているか否かなどの事情を総合的に考慮し」判断すべきとして、より具体的な基準を示し、使用者の裁量の逸脱を防止する適正かつ平等な人事評価制度が担保されていることを重要視している。なお、賃金制度変更の必要性については、高度の必要性を要する旨の言及まではなされておらず、「経営上の必要性に合致する」と認定しており、賃金制度の変更においては、賃金減額の場合のような高度の必要性は要求されていないと考えられる（**滋賀ウチダ事件** 大津地裁 平18.10.13判決 労判923号89ページ等）。

人事評価制度の設計は、あくまで使用者の裁量に任されているが、人事考課規定として評価項目や評価者、評価基準、異議申立手続きなどをあらかじめ定め、評価結果が被評価者へフィードバックされる制度を設けることが留意すべき重要な点となる。

以上のとおり、成果主義型賃金制度の導入においては、その制度内容自体の不利益について合理性判断がなされるという側面が強く、そのような観点から、①賃金総原資が減少しないか、②特定層が不利益を被っていないか、③使用者の裁量の逸脱を防止する適正かつ平等な人事評価制度が担保されているかといった点について、賃金減額の場合とは異なった要素がより重要なものとして考慮される。また、**野村不動産アーバンネット事件**（東京地裁 令2.2.27判決 労判1238号74ページ）では、複数回にわたり説明会を開催し、人事制度改定の目的、社員区分の再構築、新しい評価制度の概要、月例賃金の基本給相当の役割給が支給されること等を説明するとともに、個別の照会窓口を設け、従業員からの個別の照会に対しても担当者が対応するなどした上で、当該人事制度の導入前に、変更後の就業規則および諸規程を、新旧対照表を付した上で閲覧できる状態にしたというもので、裁判所は従業員に対する説明、当該

就業規則の変更に係る周知手続きとしても相当であったと判断しており、こうした手続きにも十分配慮する必要がある。

10 固定残業代制度の導入・廃止

[1]固定残業代制度とは

労働基準法上、時間外・休日労働に対しては割増賃金を支払わなければならない（同法37条1項）。そもそも労働者に対して時間外・休日労働を行わせるためには、同法33条（災害等による臨時の必要がある場合の時間外労働等）または同法36条（いわゆる36協定の締結・届出等）の条件を充足しなければならないが、これらを充足しない違法な時間外・休日労働に対しても同法に基づく割増賃金の支払いは必要である（**小島撚糸事件** 最高裁一小 昭35. 7.14判決 刑集14巻9号1139ページ）。

企業によっては、営業職のように外回りを中心に会社側が労働時間を把握することが難しい労働者などに対して、実際の労働時間にかかわらず一定の労働時間（例えば、月20時間）を働いたものとみなして賃金を支払うことがある（基本給に含めたり、別途の固定残業代等手当として支給したりする場合がある）。これが固定残業代などと称され、これまで実労働時間に対して割増賃金の支払いをしていた企業が、働き方改革の一環として、労働生産性を向上させるための施策として固定残業代制度を導入することもある。

固定残業代制度を導入するメリットとしては、会社側として、決められた一定の時間内に残業時間が収まれば、残業代の計算が不要になり（固定残業代の支給がなされているとしても、会社は労働者の労働時間を把握しなければならないこと、また、定められた一定の時間を超過した場合には、超過分の割増賃金の支払いをしなければならないことには注意を要する）、他方、労働者側としては実際に残業をしなくても残業代を受け取れることが挙げられる。

［2］固定残業代制度の導入・廃止に関する不利益変更

　固定残業代制度を導入するに当たって、単純に固定残業代が上乗せされる場合には、労働者に対する不利益とは言い難いが、昨今、見た目上の賃金支給総額は維持しながら、そのうち基本給等の減額を行って、固定残業代制度を導入する事例が散見される。**サンフリード事件**（長崎地裁　平29. 9.14判決　労判1173号51ページ）は、職務手当について、固定的な割増賃金として支給する旨の定めを置くほか、従前支給されていた物価手当、現場手当、外勤手当、運転手当等について何ら定めることなく、単に、１カ月の所定労働時間を超えて勤務した従業員に支給する割増賃金のうち、一定金額を固定残業手当として支給する旨の定めのみを置いていたが、これが無効とされた事案である。

　例えば、これまで基本給月額30万円であった者に対して、基本給を25万円に減らし、固定残業代５万円を加えて総額30万円を支給する形態である。これは、見た目上の従業員に対する支給総額は維持されているものの、実際には基本給の減額とともに、割増賃金の算定基礎が減額される結果となるため、賃金減額の不利益変更の一場面といえる（一般的な企業において、こうした観点から制度変更を行う企業は多くはないだろうが、中小企業などで実例として目にしたことがある）。

　このような方法により固定残業代制度を導入する場合には、労働者の基本給等の減額という賃金減額を伴うことから、これを就業規則で行うには、高度の必要性を要するため、変更のハードルが高いものとなる。

　他方で、みなし残業時間として設定した一定時間と実時間外労働時間の乖離（かいり）が大きい等の理由で、こうした固定残業代制度を廃止して、実際の残業時間に対してその分の残業代のみを支払うものとする場合、つまり、固定残業代制度の廃止の場面においても、労働者にとっては賃金の減額が生じ得ることから賃金の不利益変更の場面に当たる。

　固定残業代制度の廃止の場面でも、賃金の減額にかかる変更という点で導入の場合と共通しており、そのような変更の合理性に対する考え方

は基本的に同様である。ただ、制度廃止の施策は、実時間外労働時間と固定残業代制度によりみなされている時間外労働時間との乖離が著しいことが主にその理由となろう。そうした場合、もちろん廃止される固定残業代の金額の程度にもよるものの、時間外労働との対価性を有するとして有効とされる固定残業代制度について、これとそぐわない業務実態（残業が恒常的にほとんど生じなくなってしまったといった事情等）が客観的に認められるのであれば、固定残業代制度の廃止にも合理性が認められやすくなると思われる。

　使用者として現実的な対応は、変更の合理性が認められるハードルがあることから、当初より就業規則の変更による不利益変更の規律（労働契約法10条）によることを目指すのではなく、労働者の真摯な同意（もしくは労働協約の締結）を取得して、固定残業代制度の導入・廃止を行うべきといえる。なお、Ｍ＆Ａの場面で法務デューデリジェンスを実施すると、特に中小企業において、一方的な固定残業代制度の導入経緯が発覚し、問題となることが相当数ある。その有効性に疑義が生じる結果、当該使用者には未払いの割増賃金があるとして潜在的簿外債務があるとみざるを得ず、企業評価にも悪影響を及ぼすこととなるため留意が必要である。

　また、基本給の減額を伴う固定残業代制度の導入等に関しては、賃金の減額にかかる問題であるから、労働者の同意取得の場面でも留意を要する。この点に関する裁判例として**ビーダッシュ事件**（東京地裁　平30．5．30判決　労経速2360号21ページ）では、固定残業代制度採用により基本給は11万円の減額となり、その不利益は大きいとされた事案で、「使用者が提示した労働条件の変更が賃金に関するものである場合には、当該変更を受け入れる旨の労働者の行為があるとしても、労働者が使用者に使用されてその指揮命令に服すべき立場に置かれており、自らの意思決定の基礎となる情報を収集する能力にも限界があることに照らせば、当該行為をもって直ちに労働者の同意があったものとみるのは相当でな

く、当該変更に対する労働者の同意の有無についての判断は慎重になされるべきである。そうすると、賃金に関する労働条件の不利益変更にかかる労働者の同意の有無については、当該変更により労働者にもたらされる不利益の内容及び程度、労働者により当該行為がされるに至った経緯及びその態様、当該行為に先立つ労働者への情報提供又は説明の内容等に照らして、当該行為が労働者の自由な意思に基づいてされたものと認めるに足りる合理的な理由が客観的に存在するか否かという観点からも判断されるのが相当」との最高裁による前掲山梨県民信用組合事件と同等の規範を示した上で判断がなされている。本事案では、社会保険労務士による説明会が開催され、労働者も固定残業代制度の内容について一応説明を受け理解できたとされる一方で、その説明が、従前の制度に関する誤った理解を前提としたものであり、新賃金体系が適用されることによって、労働者が受ける不利益の程度について正確かつ十分な情報を提供するものとはいえないとされ、雇用契約書に押印し、固定残業代制度の内容の説明を受け、従業員代表として就業規則に意見を述べたことが認められるとしても、著しい不利益をもたらすものであり、説明内容は不正確かつ不十分なものであったことから、雇用契約書に押印したとしても、これが労働者の自由な意思に基づいてされたものと認めるに足りる合理的な理由が客観的に存在したとはいえず、労働者による有効な同意があったとは認められないとされた。

　同様に、**プロポライフ事件**（東京地裁　平27. 3.13判決　労判1146号85ページ）では、固定残業代制度を導入することによる労働条件の切り下げについて、残業代計算の基礎となる賃金の額を減ずるという主たる目的自体の合理性や会社が労働者に対して当該目的を明確に説明したことを認めるに足りる証拠がない以上、形式的に同意した旨の書証があるとしても、その同意が労働者の自由な意思に基づくものと認めるべき客観的に合理的な事情はないとした。

　したがって、不利益変更を伴う固定残業代制度の導入に当たっては、

従業員に対して総支給額が変わらないから問題ないといった大ざっぱな
説明で済ますのではなく、個別面談等により、説明文書を用意して賃金
制度変更の必要性や不利益な内容をも踏まえて正確な理解を求め、同意
を得ることが特に重要となる。

 ## 11 労働時間の変更（所定労働時間の延長・短縮 （労働時間変更の基本的観点））

[1]総論

労働時間は、就業規則において、各労働日における所定労働時間が、
始業時刻から終業時刻までの時間と、この間の休憩時間を特定すること
によって定められる（労働基準法89条1号）。厚生労働省の「令和2年就
労条件総合調査」によれば、1企業平均の1日所定労働時間は7時間47
分、週所定労働時間は39時間24分となり、産業別に見ると、「金融業、保
険業」が38時間17分で最も短く、「宿泊業、飲食サービス業」が39時間51
分で最も長くなっている。

所定労働時間は労働時間に関する労働条件として、労使の合意事項と
なっているが、その他労働時間に関する労働条件には所定休憩時間、所
定休日があり、また、労働時間制度に関するもの（変形労働時間制、フ
レックスタイム制度、事業場外みなし労働時間制、裁量労働制）がある。
これら労働時間に関する労働条件は、労働者が私的時間を離れ、使用者
の指揮命令下に置かれている時間に関するものであり、賃金同様、重要
な労働条件の一つである[32]。

近年、働き方改革が進められたこともあり、労働時間等見直しガイド
ライン（労働時間等設定改善指針）が改正されているが（平30.10.30 厚
労告375）、ここでは、労働者が健康で充実した生活を送るための基盤の

---

[32] 労働時間が賃金と並んで重要な労働条件であることはいうまでもないとするものとして、羽後銀
行（北都銀行）事件（最高裁三小 平12.9.12判決 労判788号23ページ）がある。

一つとして、生活時間の十分な確保が重要であり、事業主が労働時間等の設定の改善を図るに当たっては、労働時間の短縮が欠かせない旨言及されているところである。また、昨今導入が一気に進んだテレワークについて、より円滑に実施しやすくするために、労働時間の柔軟な取り扱いを図る目的で、事業場を前提としたこれまでの就業と異なる労働時間管理、労働時間制度を導入検討すべき場合も存する。

　なお、多くの企業では業務上必要がある場合に、始業時刻・終業時刻を繰り下げまたは繰り上げることができる条項を就業規則に設けている。この条項に基づいて使用者は、個別の事案において合理的な範囲であれば、始業時刻・終業時刻を変更することができるが、これは労働条件の不利益変更とは区別されるものである。他方で、繰り下げや繰り上げを可能とする条項を設けていない場合には、原則に戻って労使間の合意事項である所定労働時間を使用者が一方的に変更することはできないのであり、労働者の個別の同意を要するもしくは、一時的な時間外労働の業務命令[33]として労働に従事させることになる。

　このような臨時的な労働時間の変更ではなく、統一的に所定労働時間や休日・休暇などの変更を要する場合には、就業規則の変更や労働協約における労働条件の不利益変更を念頭に検討していく必要がある。

［２］所定労働時間の延長・短縮（労働時間変更の基本的観点）
（１）労働時間延長にかかる裁判例

　上記のとおり、労働時間は賃金と同様に重要な労働条件であり、ただ単に労働時間のみを延ばすことは、労働者にとっての不利益が大きく、高度な必要性を要することになる。

　労働時間の不利益変更については、前掲羽後銀行（北都銀行）事件（最高裁三小　平12. 9.12判決　労判788号23ページ）や前掲函館信用金庫事

---

[33] 就業規則等に根拠がある時間外労働を業務命令として命じることができるとしたものとして、日立製作所武蔵工場事件（最高裁一小　平3.11.28判決　労判594号７ページ）がある。

件といった裁判例がある。両事件とも、完全週休2日制を採用するに当たって所定労働時間を延長したものだが、いずれも労働条件変更の不利益の程度、変更の必要性、変更後の内容の相当性を検討して、所定労働時間の延長の合理性を認めた。

　具体的には、所定労働時間が1日10〜60分延長されたことが問題となったが、そのような延長は労働条件の不利益変更に該当し、労働時間が賃金と並んで重要な労働条件であることに触れた上で、年間や週単位での総所定労働時間が減少もしくは従前と大差なく、むしろ休日の増加という労働者にとって大きな利益が生じていることから、不利益の程度は大きいとはいえず、当時の週休2日制に向けた社会的事情や休日増加によって減少する分の所定労働時間延長の必要性をも考慮している。

　また、九州自動車学校事件（福岡地裁小倉支部　平13.8.9判決　労判822号78ページ）は、従来午後5時20分であった自動車教習所女子事務員の平日（火曜日から金曜日まで）の終業時刻を午後6時と変更した事案で、「就業規則は1カ月単位の変形労働時間制を採用し、労働時間の合計は平均すれば週40時間以内とされ、総体としては平成9年3月31日以前よりも短縮されているのであるから、平日出勤日の終業時刻が遅くなった点を捉えれば不利益であるが、他方において、従来の月曜日に代わる出勤日の日曜日の終業時刻は午後4時に早められていることとも合わせ、全体的には利益な方向への変更」として、変更の合理性を肯定している。

　他方で、運航乗務員の労働時間という特殊性はあるが、日本航空（操縦士）事件（東京高裁　平15.12.11判決　労判871号131ページ）では、就業規則の改定により、乗務時間および勤務時間ともにその制限時間が最大で2時間延長され、仮眠設備で休息をとることができなくなるなどの変更について、運航乗務員にとって大幅な不利益変更であり、会社の経営改善の観点から変更の必要性はあったといえるが、改定によって人件費効率の向上という効果の内容や程度は必ずしも明らかではないなど、高度の必要性は認められず、変更された内容自体も相当性には疑問が残

り、その変更に伴う代償措置も必ずしも休日が増えたということではないため十分なものとはいえず、変更について会社の管理職を含め運航乗務員の大半が反対し、他の従業員も同意するに至っていないことなどから、変更の合理性を否定している。

（2）実務上の留意点

　実務上の留意点としては、まず、労働時間の延長に当たって、休日や休暇を増やすなどして年間を通した総労働時間が減少しているもしくは大差がないものとなっているか、という点を確認する必要がある。仮に総労働時間が増加している場合には、これに伴い賃金を増加させることにより、実質的に労働者の賃金の減少を伴わない変更の態様をとるべきということになる。そうした措置をとらない場合には、労働者の労働時間が延びるだけではなく、労働者の所定労働時間当たりの賃金額や割増賃金の算定基礎額も減額されることとなってしまい、労働者への不利益が大きく、就業規則の変更による労働条件変更は容易ではない。

　なお、会社の事業場間の所定労働時間が異なり、一つの事業場の所定労働時間を延ばし、他の事業場の所定労働時間に合わせて公平を図りたいという要請が生じる事例も存する。この場合、当然所定労働時間が延ばされる事業場の従業員について不利益な変更となるわけであるが、他方で単に「公平」ということではその必要性は高くない。なぜなら、他の事業場の所定労働時間を短くすることで公平を図ることもできるからである。上記のように他の事業場と合わせて休日を増やすなり、最初から所定労働時間を同一に合わせるのではなく、段階的に合わせていくといった緩和措置を検討することを要する。

　また、例えば所定労働時間を7時間30分から8時間に延長することによって、従前8時間の労働を恒常的に行っていた者にとっては、支給されていた30分の割増賃金が支給されなくなるという不利益が生じ得ることも、変更に当たっては考慮する必要があろう。しかし、時間外労働を命じるかはあくまで使用者側の裁量であり、労働者が請求できる権利で

はないと考えられるし、そもそも恒常化している法内残業を会社として所定労働時間内に落とし込むことは、割増賃金の減少という点で必要性があるともいえる。そして、本来時間外手当として支給していた賃金相当額が所定労働時間の延長に伴い上乗せされているのであれば、かかる不利益は僅少ともいえるのであるから、結局は前記の総労働時間の増減や労働時間の増加に伴う賃金増額といった措置によって労働者の実質的な不利益がどの程度になるかという検討のほうがより重要であると考えられる。

(3) 労働時間の短縮における留意点

他方で、例えば所定労働時間を8時間から7時間に変更する場合は、労働者にとって有利であるから、それだけでは不利益変更の問題とならない。前記ガイドラインの言及にも見られるように、労働者の健康と生活に係る多様な事情を踏まえつつ、所定労働時間の短縮を図ろうとすることは使用者として望ましい在り方であると思われる。所定労働時間の短縮のみを実施し、賃金等その他の処遇において不利益が生じない場合には、労働条件の不利益変更の問題とはならない。対して、所定労働時間の短縮に伴い賃金が減額される場合には、「賃金減額」の不利益変更に該当することは注意を要する。この場合、所定労働時間の短縮という事情は、賃金減額の合理性判断の一つの正当化事情になり得るが（8時間から4時間といった極端な所定労働時間の短縮は、賃金減額幅が大きくなり、かえって不利益な事情と評価される場合もあろう）、前述した賃金減額の不利益変更にかかる高いハードルを越えるためには、高度の必要性など他の事情も総合判断する必要が出てくるのである。もちろん所定労働時間を業務実態に即して30分程度短縮する必要があり、これに応じた賃金減額について、労使間で十分に協議をして納得を得ているといった事情が認められるのであれば、合理性が肯定される可能性は高いと考えられる。

（４）労働時間の枠組みの変更

　最後に、労働時間の延長、短縮までは行わないが、所定の始業時刻・終業時刻をそれぞれ１時間遅くする（もしくは早める）といった全体の時間枠の移動という制度変更の形態もあり得る。もっとも、これによる労働者の不利益は上記の労働時間の延長などに比して小さいといえるであろうから、企業の業務実態等の必要性に応じて変更を行い、労使間の協議を相応に行うなどすれば、その合理性は認められやすくなるであろう。

　したがって、労働時間にかかる制度設計を検討する際には、総労働時間や賃金の変動の有無・程度、労働時間変更の程度、休日の増加などの代償措置を中心に、業務ニーズとの兼ね合いを特に慎重に検討し、労働者への不利益の程度を考慮する必要がある。

[３]休日・休暇の短縮、変更

　労働時間の変更に当たって関連するものとして、休日、休暇の増減や休憩時間の変更などもある。もちろん、これらも重要な労働条件と位置づけられる。

　まず、休日については、使用者は、毎週１日以上の休日を付与すること、または４週間を通じて４日以上の休日の付与が必要となる（労働基準法35条）。そして、使用者は、就業規則等により休日振替の根拠規定を設けていることが通常であろうが[34]、その場合には、同規定に基づき事前に休日の振替による、いわば臨時の変更を行うことができ[35]、同規定を設けていない場合には、都度労働者の合意を要する。

　就業規則により恒久的一般的に、休日を減らす場合には労働日が増加

---

[34] 休日振替制度そのものの不利益変更事案として、ザ・スポーツコネクション事件（東京地裁　平12. 8. 7判決　労判804号81ページ）がある。

[35] 行政解釈上休日振替は、具体的に振り替える日を特定して行われなければならない。前日以前に予告して所定の休日と所定の勤務日を振り替える規定もそれ自体違法でないとするものがある（昭27. 7.31　基収3786、昭63. 3.14　基発150・婦発47）。

することから、何の措置も講じないとすれば、休日そのものの減少ととも
もに、労働時間が単純に増加し、実質的に賃金の減額が生じ、労働者に
とって重大な不利益になってしまうため、就業規則による変更は高度の
必要性を要することとなる。前記[2]でも言及しているように、年間を
通した総労働時間が減少している、もしくは大差がないものとなってい
るかという点の確認を最低限要するため、休日を減らすとしても、所定
労働時間が短縮されることや、労働時間の増加に伴った賃金の増額といっ
た措置を検討することになる。なお、[2]の所定労働時間の延長を行う
場合と若干異なる点は、仮にこれらの緩和措置を講じて総労働時間に大
差がない状況であったとしても、所定労働時間を延長したものの休日を
増加させた場合と、所定労働時間は短縮したものの休日を減少させた場
合を比較すると、後者は休日の減少という事実が残ってしまう。これは
出勤日の増加であり、通勤・退勤の負担が生じることとなる。したがっ
て、[2]の所定労働時間の延長の場合よりも、より慎重な検討や代償措
置が必要になると考えておくとよいであろう。

　近時の休日減少の裁判例としては、**フェデラルエクスプレスコーポレー
ション事件**（東京地裁　平24. 3.21判決　労判1051号71ページ）がある。
本事案は、国際総合航空貨物輸送会社である日本支社のエアポート部門
で勤務する労働者が、会社の指定休日とされていた4日間を休日から削
除した就業規則の変更には合理性がないとして争ったもので、年間所定
休日は121日ないし122日となり年間総労働日数は243日または244日とな
ることから、計算上では、従業員の年間所定労働時間は29時間程度増加
し、これにより約2％の賃金カットと同様の効果が生じるものであった
が、会社の業績が、平成21年の後半以降は早い段階で回復傾向に転じて
いることや、業績が落ち込んだとはいえいまだ経営破綻に近い状況に至っ
ているわけではなく、いわば企業防衛的な施策にすぎないことなどに照
らせば、経費削減施策として会社休日の廃止を行う旨の判断はいささか
性急すぎている感が否めず、就業規則変更が上記不利益を労働者に法的

に受忍させることを正当化するまでの高度な必要性があるとは言い難いとして変更の合理性を否定した。同事案では、年間休日4日の減少で賃金減額幅も2％と大きいとはいえないものであったが、会社は休日の廃止に対する代償措置を何もとらず、時限的ではなく恒久的に休日を廃止することには疑問が残るとされており、労使間の協議が不十分であったことなども結果に大きく影響したものといえる。

　次に、休日を増加させる場合、それ自体は労働者にとって利益であるが、これに伴い賃金の減額が生じるのであれば、当該減額による不利益変更の合理性が認められるかの問題となる[36]。

　また、所定休日を減少させるわけではないものの、曜日の変更などを行う場合もあり得る。所定休日が土曜日や日曜日でない業種も多くあり、サービスの態様として変更を考える会社もあろうが、従業員にとっては、休日が変更となることの不都合が当然に生じる。特に子育て世代の労働者については、学校の行事や休日が土曜日や日曜日となっていることからより配慮を要する。

　この点、前掲九州自動車学校事件では、「日曜日が休日ではない職種や休日が不定期の職種に従事する者も少なからず存在し、これらの人々の社会生活や家族生活に何らかの深刻な悪影響が現に生じていることを認めるに足りる証拠はなく、また、第三次産業の比率が増大し、これに従事する者が多数となっていく傾向のもとでは、休日の多様性はますます拡大していくものと考えられ、したがって、日曜日が休日でなくなることによる労働者の不利益は、ないとはいえないものの、重大なものとはいえない」としている。会社として休日を変更する理由は業態によって

---

[36]　現在、希望する労働者が週休3日で働くことができる選択的週休3日制の導入に向けた検討が進められているが、仮にこうした制度を導入するに当たっても、1カ月単位の変形労働時間制によって1日の労働時間を増加させることで、1週当たりの労働時間を週休2日でも、3日でも変わらなくすることといった方法での導入を行えば、賃金の減額を伴わない形での実施も可能であろう。ただし、1日当たりの労働時間が増加するという点では不利益変更を含むものであり、選択制とはいっても、その制度設計を十分に検討する必要がある。

さまざまであろうが、その必要性を具体的に説明できる必要はあるし、例えば、日曜日の休日を一定程度維持すること、他方で労働者としては年休の行使も可能であることなども考慮して制度設計を行う必要がある。

就業規則により恒久的一般的に休暇を増減させる場合についても基本的な考え方は休日の場合と同様であるが、通常休暇の日数は、生理休暇や慶弔休暇、夏期休暇のように「休日」に比較して少なく（よって、休暇を増やしたから賃金を減額することにはなりにくい）、休暇の取得に当たっては一定の要件を満たす必要がある場合も多いため、休暇そのものの変更による労働者への影響は、休日のそれと比べて限定的といえる。

休暇の不利益変更に関する事例として、就業規則中の「女子従業員は毎月生理休暇を必要日数だけとることができる。そのうち年間24日を有給とする。」との規定の後段を「そのうち月2日を限度とし、1日につき基本給1日分の68パーセントを補償する。」と一方的に変更した**タケダシステム事件**（最高裁二小　昭58.11.25判決　労判418号21ページ、差戻審東京高裁　昭62. 2.26判決　労判492号16ページ）では、「旧規定の下で実際には右の『有給』の内容として基本給1日分の100パーセントが補償されていたのであるから、本件就業規則の変更は、有給とされる生理休暇1日についての補償が基本給1日分の68パーセントに減じられた点及び新規定の下では年間を通じて24日以内であつても月間2日を超える生理休暇については無給とされる点において」労働者らに不利益をもたらすとしながらも、「実際に不利益が生ずるのは、生理の周期が非常に不安定であつて、生理時における心身の状況も一様ではなく、月2日を超える生理休暇を必要とする月もあれば、月1日の休暇で足りる（あるいは全く必要としない）月もあるというような、かなり例外的な場合に限定されるのであつて、要するに、有給生理休暇の取得が誠実に行われる限り、年24回から月2回への規定の変更が従業員にもたらす実際上の不利益は僅少である」とし、そのほか平均30パーセントを超える賃金増額が合わせて行われていることや、会社においては、生理休暇を取った場合にも、

出勤率加給および賞与の算定に当たって欠勤、遅刻、早退とみなさない取り扱いであることなども含め、変更の合理性が肯定されている。

[4]休憩時間の増減にかかる変更

　休憩時間については、これを減らす場合はもちろん、増やす場合にも、休憩時間が増える一方で労働者の拘束時間が増加するため、不利益変更の場面となる。

　もっとも、休憩時間を減らすといっても、法定の休憩時間（1日の労働時間が6時間を超える場合には45分、8時間を超える場合は1時間）を下回ることはできないのであり（労働基準法34条1項）、会社が任意に与えていた休憩時間の部分が減らされるにすぎないともいえるし、拘束時間そのものが減ることにもなるため労働者にとってもその意味では利益と考えられる。したがって、休憩時間を減らすことについては合理性が認められやすく、実際上の問題として労働者の納得を得ることが重要ということになろう。

　他方で、休憩時間を増やす場合には、減らす場合の逆で労働者の拘束時間は延びてしまう。かかる不利益は特に大きいとまではいえず、例えば業務の効率を上げるために昼の時間ではなく15時に20分間の休憩を導入し、これにより残業を減らすという観点からの有益性を見いだせる設計も可能であり、このような場合にはより合理性が認められる方向に傾くと考えられる。

　これら以外の理由もさまざまあろうが、会社が休憩時間を増やす場合には、会社としてなぜそのような措置が必要なのか、まさに必要性を吟味することを要する。

12 時差出勤制度やフレックスタイム制度、変形労働時間制の導入

[1]時差出勤制度

　時差出勤とは、始業時刻を本来の所定始業時刻より早く、または、遅くすることにより、混雑する時間帯の通勤を回避すること等を企図するものである。新型コロナウイルス感染症の影響によって、在宅勤務（テレワーク）、自転車通勤等と併せて、人との接触を低減する取り組みとして時差出勤も働き掛けられたことで、急いで導入・実施を進めた会社も多くみられた。

　時差出勤は、あくまで始業・終業時刻の変更（スライド）になり、所定労働時間自体は変わらない。始業時刻を前倒しにすれば終業時刻も前倒しの早い時刻になり、始業時刻を遅くした場合には、終業時刻は後ろ倒しとなる。使用者は、通常、就業規則に次のような規定を置いていることが多い（厚生労働省の公表するモデル就業規則〔令和3年4月版〕19条2項にも同様の定めがある）。

> 始業・終業の時刻及び休憩時間は、次のとおりとする。ただし、業務の都合その他やむを得ない事情により、これらを繰り上げ、又は繰り下げることがある。この場合、前日までに労働者に通知する。

　臨時的に業務の必要がある場合など、就業時刻を変更して業務指示を行う事態が生じたケースでは、かかる就業規則の定めを根拠として、時差出勤を命じて対応することができる。この場合は、労働条件の不利益変更の問題ではない。

　他方、一時的・臨時的ではなく、恒久的に時差出勤制度を導入することを想定する場合（例えば、時差出勤制度対象者の所定労働時間を就業規則に新たに定める場合など）、所定労働時間の枠組みを変更することとなり、就業規則を変更することとなるが、始業・終業時刻を変更するこ

と自体は、労働条件の不利益変更に該当する。

　もっとも、対象者が限定されていたり、変更の時間幅が大きくなければ、不利益の程度は小さいといいやすく、業務上の必要性に加えて、新型コロナウイルス感染症の影響を考慮して導入する場合には、その必要性も一般的には認められやすいといえる。そもそも労働者の申し出により時差出勤を認める制度であって、使用者の指示により時差出勤をさせる制度でないのであれば、変更後の就業規則の内容の相当性が高く、導入において格別問題は生じないだろう。

　実務的には、就業規則の変更により時差出勤制度が労働条件となった場合でも、始業・終業時刻の変更が私生活に影響を及ぼし得るという観点から、労働者の意見・希望を聴取した上で個々の労働者の始業・終業時刻を変更することが望ましく、特に子育て世帯や介護対象家族を持つ者などに対して、その私生活にも可能な限り配慮すべきである。

［2］フレックスタイム制度

　フレックスタイム制度は、一定の期間の総労働時間を定めておき、労働者がその範囲内で各日の始業および終業の時刻、労働時間を自ら決めて働くことができる制度であり（労働基準法32条の３）、生活と業務との調和を図りながら効率的に働くことができる制度とされる。労働生産性の向上が期待でき、また、私生活との調和のとれた働きやすい職場となることで労働者に長く職場に定着してもらえるようになるといったメリットが会社側にあるとされ、導入が図られている[37]。

　この制度では、労働時間が１日８時間以上・週40時間以上であっても、清算期間を通じての週平均労働時間が40時間（清算期間が１カ月を超える場合には、さらに１カ月ごとの労働時間が週平均50時間）を超えなければ、法定時間外労働とならず、割増賃金が発生しなくなるため、労働

---

[37] 厚生労働省「令和２年 就労条件総合調査 結果の概況（労働時間制度）」によれば、フレックスタイム制度を採用している企業割合は、全企業で6.1％、1000人以上になると28.7％となっている。

者に不利益な変更に該当し得る。

　もっとも、労働条件の中でも重要な労働条件である労働時間に関するものとはいえ、ここでの不利益の程度は大きいとはいえず、労働基準法によって求められる就業規則等への規定と労使協定で所定の事項を定めることによって適法に導入する限り、変更の合理性が否定されることはおおよそ考えにくく、多くの場合、合理性は認められるだろう。

［3］変形労働時間制

　フレックスタイム制度以外の変形労働時間制（1年単位の変形労働時間制、1カ月単位の変形労働時間制など）を採用している企業も多く、フレックスタイム制度と併せると59.6％と6割近い企業割合となる（ただし、企業規模の大きな企業で採用される傾向があり、1000人以上では77.9％となる一方で、30～99人では56.2％にとどまる。令和2年就労条件総合調査）。

　例えば、1カ月単位の変形労働時間制の導入要件は、労使協定または就業規則等により1カ月以内の一定の期間を平均し、1週間当たりの労働時間が40時間を超えないように、変形期間における各日、各週の労働時間を具体的に特定すること、各日の始業・終業時刻を定めることが必要となる（使用者が業務の都合により任意に労働時間を変更するような制度は適法な変形労働時間制とならないとの行政解釈がなされている〔昭63. 1. 1　基発1・婦発1、最終改正：平11. 3.31　基発168〕）。

　通常の労働時間制を適用している企業が、これら変形労働時間制を導入する際、労働時間の運用を弾力的に行うことができ、不要な時間外労働の削減も図れるという労働者側のメリットも存し、変形労働時間制自体によって総労働時間が増加するものではないものの、他方で、前記のフレックスタイム制度と同様、特定の日または週に1日8時間または1週40時間を超え、一定の限度で労働させることができ、当該時間について所定労働時間となることで割増賃金が発生しないことになる。また、

変形労働時間制により、日々の勤務時間が不規則になり、労働者にとって私生活等との関係で不利益が生じる可能性があるため、労働者に不利益な変更に該当し得るものといえる。

　もっとも、変形労働時間制は法定の要件を充足する場合に初めて導入することが認められるのであり（労働基準法32条の2）、法は前記の導入による不利益について既に織り込み済みという見方もできる。これらはフレックスタイム制度や裁量労働制を導入する場合も同様のことがいえるのであり、また、前記の変形労働時間制によるメリットも観念できるため、導入自体に問題があるということにはなりにくいが、当然労働者に不利益を与え得るものであることに留意して、個別的に配慮することなどは重要といえる[38]。

　次に、変形労働時間制を採用しているとして、1カ月などの単位の途中であらかじめ特定された日や週の労働時間を変更することは可能かという点がある。前記行政解釈からすれば、使用者はいったん特定した労働時間を事後的に変更することが一切できないようにも思われる。この点、1カ月単位の変形労働時間制の下において、就業規則上、いったん特定された労働時間の変更に関する条項を置き、これに基づいて労働時間を変更することができるかが争点となった**JR東日本（横浜土木技術センター）事件**（東京地裁　平12.4.27判決　労判782号6ページ）で、裁判所は「労基法32条の2が就業規則による労働時間の特定を要求した趣旨が、労働者の生活に与える不利益を最小限にとどめようとするところにあるとすれば、就業規則上、労働者の生活に対して大きな不利益を及ぼすことのないような内容の変更条項を定めることは、同条が特定を

---

[38]　当然ながら適正な手続きにて導入を行う必要がある。この点、前掲サンフリード事件では、「1年単位の変形労働時間制に関する協定届」を労働基準監督署長へ提出しているものの、協定届の作成に際し、労働基準法施行規則6条の2第1項所定の手続きによって選出された者ではない者が、会社の「労働者の過半数を代表する者」として署名押印しているから、同協定届の存在から、会社が主張する労働基準法32条の4第1項所定の協定が成立したとの事実を推認することはできないとしている。

要求した趣旨に反しないものというべきであるし、他面、就業規則に具体的変更事由を記載した変更条項を置き、当該変更条項に基づいて労働時間を変更するのは、就業規則の『定め』によって労働時間を特定することを求める労基法32条の2の文理面にも反しないものというべきである。もっとも、労基法32条の2が就業規則による労働時間の特定を要求した趣旨が、以上のとおりであることからすれば、就業規則の変更条項は、労働者から見てどのような場合に変更が行われるのかを予測することが可能な程度に変更事由を具体的に定めることが必要であるというべきであって、もしも、変更条項が、労働者から見てどのような場合に変更が行われるのかを予測することが可能な程度に変更事由を具体的に定めていないようなものである場合には、使用者の裁量により労働時間を変更することと何ら選ぶところがない結果となるから、右変更条項は、労基法32条の2に定める1カ月単位の変形労働時間制の制度の趣旨に合致せず、同条が求める『特定』の要件に欠ける違法、無効なものとなるというべき」としている（JR西日本［広島支社］事件　広島地裁　平13.5.30判決　労判835号49ページも同旨）。

　以上を踏まえ、変形労働時間制については、就業規則等により、どのような場合であれば労働時間が事後に変更され得るかということを労働者が予見できる具体的な変更事由を定めておき、これにより変更を行うことができるものと考えられる。労働者の不利益が具体的に生じるような直前の時期や特段の理由なく漫然と変更をかける運用は避けるべきで、変形労働時間制そのものの有効性に関わることから慎重な対応が求められる。

13 休職規定の変更

［1］休職とは

　休職とは、従業員に労務提供が不能または不適当な事由が生じた場合

に、使用者が従業員に対し、労働契約関係そのものは存続させつつ労務提供を免除し、または禁止する制度をいう。休職制度は、法令による制度ではなく、使用者が創設する任意の制度であり、その種類、目的、内容はさまざまである。例えば「事故欠勤休職」や「起訴休職」といわれる種類のものもあるが、実務上最も重要なのは、業務外の傷病（労働災害ではない傷病）による長期欠勤により行われる「傷病休職」（私傷病休職）であろう。「傷病休職」といっても、その休職事由や休職期間などは企業によって内容が異なるが、傷病休職期間中に傷病から回復すれば復職となり、他方、回復しなければ自然退職または解雇となるものであり、解雇の猶予措置として機能する。この点、**北産機工事件**（札幌地裁　平11. 9.21判決　労判769号20ページ）では、6カ月を限度に私傷病による休職期間を設けた休職制度について「業務外の傷病により労務提供できない従業員に対して6カ月間にわたり退職を猶予してその間傷病の回復を待つことによって、労働者を退職から保護する制度である」と判示された。また、**日放サービス事件**（東京地裁　昭45. 2.16判決　判タ247号251ページ）では、休職制度が存する場合の就業規則上の「精神又は身体の障害により業務に堪えられないと認められたとき」という解雇事由は、「休職、配転制度の活用を配慮してもなおかつ被申請会社の業務に堪えられないと認められる客観的な精神または身体の障害事由のある場合をいうものと解する」とされている。

　精神疾患（メンタルヘルス）に罹患（りかん）する従業員が増えている昨今においては、かかる休職制度の運用や従業員への対応の重要性は増している。使用者が労務管理上頭を悩ませる場面の典型例として、私傷病により欠勤を断続的に繰り返すなど業務遂行が不完全であるものの、形式的に就業規則の休職事由に該当しない場合や休職から一度復職したものの復職して短期間で同様の私傷病により休職を繰り返す場合がある。また、使用者としては、従業員から復職の希望がなされ、治癒したのか否か、復職可能なのか否かの判断を求められた場合に、その判断に窮する場面も

少なくない。

　こういった場合、使用者としては、休職事由の拡充や断続的休職取得者への対応、復職要件の厳格化などを検討することとなり、就業規則において一般的に規定を変更する方策を検討することになる。しかし、これらは就業規則の変更による労働条件の不利益変更と解される可能性があるため、他の労働条件と同様、その変更の合理性を検討することが必要となる。後述のとおり、休職にかかる労働条件の変更の合理性を検討する上で重要な観点は、現に欠勤や休職中といった従業員（要は、変更の影響を直接的に被る従業員）との関係での配慮の有無であり、その点の不利益の程度が軽減されることで有効性が担保される可能性が高くなる。

［2］休職事由の追加

　業務に関係のないメンタルヘルスによる不調も私傷病として、休職の対象となるが、真っ向からメンタルヘルスによる不調を休職事由としているケースは必ずしも多くないように思われる。通常よく見られる就業規則の規定は、休職事由として一定期間の欠勤の継続を前提としているものである。

　しかし、就業規則の休職事由として、例えば「業務外の傷病により3カ月以上欠勤が継続した場合」という定めをしている場合に、1カ月欠勤が継続するもその後数日間は出勤をし、再度1カ月の欠勤を行うという状態が継続すると、会社としては、休職事由に該当せず休職命令の発出に躊躇せざるを得ない場合が出てくる。そこで、「精神疾患により職務に堪えないと認められる場合」といった精神疾患に特化した規定を設けることや、「欠勤の中断期間が1カ月に満たない場合には、前後の欠勤を通算する」として断続的欠勤期間を通算する規定を設けることが考えられる。こうした変更は、休職発令要件を緩和し、従業員としては休職命令を受ける場合が増えることとなるため、労働条件の不利益変更と解されることとなる。

113

この点、**野村総合研究所事件**（東京地裁　平20.12.19判決　労経速2032号3ページ）は、就業規則の休職事由として、「職員が次の各号の一に該当するときは、休職を命ずる。」と定め、その1号において「傷病または事故により、次表の欠勤日数をこえて引続き欠勤するとき。」、同号ただし書には、平成18年4月1日以前は、「欠勤後一旦出勤して3ヶ月以内に再び欠勤するとき（中略）は、前後通算する。」となっていたが、同日以降「欠勤後一旦出勤して6ヶ月以内または、同一ないし類似の事由により再び欠勤するとき（中略）は、欠勤期間は中断せずに、その期間を前後通算する。」と変更した事案である。これも上記のような使用者の労務管理上の要請から休職事由を拡張するものである。この休職事由の追加について裁判所は、「確かに、旧規定は、欠勤後復帰してから3か月経過した後再び休職した場合は欠勤期間はゼロから計算し直されていたのが、平成18年4月の改定により、6か月経過しないと欠勤日数がゼロに戻らないことになり、また、復帰後『同一ないし類似の事由』により欠勤することになった場合には、前回の欠勤から何年経過しても、欠勤日数はゼロには戻らず通算されることになるから、労働者にとって不利益な変更であることは否定できない。」と、かかる変更が労働条件の不利益変更であるとしながらも、「近時いわゆるメンタルヘルス等により欠勤する者が急増し、これらは通常の怪我や疾病と異なり、一旦症状が回復しても再発することが多いことは被告の主張するとおりであり、現実にもこれらにより傷病欠勤を繰り返す者が出ていることも認められるから、このような事態に対応する規定を設ける必要があったことは否定できない。」とし、過半数労働組合の意見を聴取し、異議がないという意見を得ている事情も含めて、就業規則の変更の有効性を認めた。

　このように休職事由を追加するとしても、基本的には変更の必要性が認められやすいといえる。また、本来的には就業が困難、不完全である状態は解雇の対象ともなり得るものであり、これを猶予する休職の措置の対象範囲にとどまることや、賃金や労働時間といった労働条件に比し

て従業員の不利益の程度も大きいとはいえないことからすれば、変更の合理性も原則認められるであろう。

　ただし、上記裁判例が言及しているとおり、労使間の協議の有無は重要なファクターであり、また、実際に断続的欠勤を行っている従業員に対する不利益の程度は考慮すべきポイントである。冒頭のとおり、「業務外の傷病により3カ月以上欠勤が継続した場合」という定めを、断続的欠勤期間を通算する規定へ変更する場合、現に3カ月未満ではあるものの長期欠勤している従業員に対しては、一度出勤した後から変更後の規定を適用するなどの経過措置を設けておくことが、その有効性を担保する対応となる。

[3]休職期間の通算、再発規程

　精神疾患は再発を伴う特性を有することから、一度休職から復職しても症状が再発し、再度休職要件に該当してしまうこともある。使用者としては、このような場合に再度長期間の休職を発令する、そしてこれが繰り返されるという事態は労務管理上避けなければならないという要請も強い。そこで、使用者としては、復職後一定期間内（3カ月、6カ月、1年程度とするケースが多い）に、同一事由または類似事由により休職が繰り返される場合には復職を取り消し、従前の休職期間の残期間のみ休職を認める旨の規定を設ける必要がある。このような規定の変更は、従業員として再度の休職期間が短期間となり、結果として退職の可能性が高まるため労働条件の不利益変更に該当する。

　しかしながら、前記[2]のとおり、再発可能性が高い精神疾患に罹患する従業員への対応として変更の必要性は認められる。また、[2]同様、復職して一定期間内の従業員や現に休職中の従業員に対しては、変更後の規定を適用せずに休職期間を通算しないことや、変更後の規定の適用まで一定期間を設けるといった経過措置を講じることが有効性を担保する上で妥当であろう。

[4]休職期間の短縮

　労務管理上、休職期間を2年から1年に変更することを検討する企業もあろう。休職制度自体、各企業により任意に設けられる制度であり、その休職期間もさまざまである。したがって、現に休職中の従業員の休職期間については、新規定を適用しないという経過措置が設けられるのであれば（当然労使協議を経ていればなおよい）、あまりに短期にしてしまうことは格別、企業規模において相場とされる範疇の期間に休職期間を短縮することであれば十分に合理性が認められ得るものと考えられる[図表2－3]。

図表2－3　勤続年数別に見た休職期間の分布状況（一般疾病の場合）

－（社）、％－

区　　分	勤続1年	〃 5年	〃 10年	〃 20年
合　　　　計	(220) 100.0	(220) 100.0	(220) 100.0	(220) 100.0
6 カ月未満	21.8	6.8	5.0	5.0
6　　カ　　月	**27.7**	15.5	11.4	11.4
7～11　〃	8.6	4.1	5.0	2.7
12　　〃	17.7	19.5	14.1	13.2
13～17　〃	3.6	7.7	3.2	2.7
18　　〃	8.6	**23.6**	19.5	18.2
19～23　〃	0.9	2.7	2.7	1.8
24　　〃	8.2	11.4	**21.8**	**21.8**
25～29　〃		0.9	2.7	3.6
30　　〃	0.9	3.6	7.3	9.5
31～35　〃	0.5	0.9	1.4	1.8
36　　〃	1.4	2.7	4.5	6.4
37 カ月以上		0.5	1.4	1.8
平　　均（カ月）	**10.3**	**15.3**	**18.4**	**19.5**
最　　高（ 〃 ）	36.0	42.0	48.0	54.0
最　　低（ 〃 ）	1.0	1.0	1.0	1.0
[参考] 前回平均（ 〃 ）	10.6	15.9	18.7	19.8

資料出所：労務行政研究所「私傷病欠勤・休職制度に関する実態調査」（2017年調査）

［５］休職期間中の無給化・賃金減額

　企業によっては、ノーワークノーペイの原則から外れ、就業規則において休職期間中についても有給として取り扱っているものもある。これを無給とすることや減額することは、労働条件である賃金（現に休職中でない従業員に対してもその期待権）に対する不利益変更となり、前記［２］～［４］の不利益変更に比べ、従業員に対する不利益の程度は大きく、変更の合理性についてもその観点からの検討を要する。

　まず、変更の必要性は、経営面からの財政状況等、その具体的必要性を具備していることに越したことはない。また、最も影響を受ける立場である現に休職中の者に対しては、当該休職中には変更後の規定を適用しない経過措置を検討するべきといえる。こうした経過措置を設けない場合には、変更の必要性としてもより高度な必要性が求められることになろう。さらに検討すべき点として、労使協議の有無はもちろんのこと、私傷病として受給可能である健康保険による傷病手当金の支給がなされていることを考慮した金額に減額がなされるといった対応を行うことにより、その変更の有効性が担保されることになる。

［６］復職要件の変更

　使用者としては、業務遂行に支障があるなどして休職に入った従業員を復職させるに当たっては、元の業務を遂行することができるかどうか慎重な判断を要するため、復職要件を厳格化、明確化することを検討することが考えられる。

　復職要件の変更について言及した裁判例として、**アメリカン・エキスプレス・インターナショナル・インコーポレイテッド事件**（東京地裁平26.11.26判決　労判1112号47ページ）がある。この事案では、復職に関して、変更前は「復職にあたっては、原則として、従前の職に戻るものとする。但し、会社は業務上の都合により、その就業の場所、職務の内容、職務上の地位を変更することがある。」と規定していたものを、「療

養休職したものが復職する場合の復職とは従来の業務を健康時と同様に通常業務遂行できる状態の勤務を行うことをさす。リハビリテーションとして短時間勤務等が必要な場合には、原則として休職期間中に行うものとする。」との規定に変更した。

　この事案で裁判所は、従来規定されていない「健康時と同様」の業務遂行が可能であることを、療養休職した業務外傷病者の復職の条件として追加することは労働条件の不利益変更に当たることを明らかにした上で、「業務外傷病のうち特に精神疾患は、一般に再発の危険性が高く、完治も容易なものではないことからすれば、『健康時と同様』の業務遂行が可能であることを復職の条件とする本件変更は、業務外傷病者の復職を著しく困難にするものであって、その不利益の程度は大きいものである一方で、本件変更の必要性及びその内容の相当性を認めるに足りる事情は見当たらない」として変更の合理性を否定した。

　裁判所の判示からは、従業員に対する不利益が大きいことが言及されているが、「健康時と同様」の業務遂行が可能であることは、債務の本旨に従った労務提供が可能である状態ともいえ、いわば復職の条件として当然とも考えられなくはない。また、同事案では、労働者が復職に向けたリワークプログラムを利用している最中に規定の変更を行い、復職要件を追加したという事情があったため、より不利益の程度が重く判断されてしまった可能性がある。

　以上を見ると、復職要件の追加、厳格化が直ちに変更の合理性を否定されるものではないと思われ、復職に向けた準備を行っている者や規定変更前に既に休職に入っている者に対して変更後の規定は適用しないなどの経過措置を採ることがやはり重要となってくる。現実には、使用者は、規定変更を行っても行わなくても、労働者が債務の本旨に従った労務提供が可能な状態であるか否かという実質的な判断を、主治医だけではなく産業医による診断等を踏まえて慎重に行うことが、より重要であることは変わらないであろう。

[7]報告義務の追加

　このほか、休職期間中の取り扱いについて就業規則に新たに定めを設ける場合もある。そもそも休職中であっても労働契約は存続しており、労働義務は停止するが、守秘義務や競合避止義務等の付随義務は負ったままである（ジャムコ立川工場事件　東京地裁八王子支部　平17. 3.16判決　労判893号65ページ等）。これに加えて、休職期間中の誠実義務の一環として、休職の原因となった自らの体調（病状）とその回復具合、診断結果等に関する報告義務を肯定した裁判例もある（ライトスタッフ事件　東京地裁　平24. 8.23判決　労判1061号28ページ）。このような報告義務を明確化するために、「休職期間中の従業員は、毎月１回以上現在の状況を会社へ報告しなければならない」といった定めを置くことや、報告義務とは別に回復状況等に関する情報を会社が得るために、「会社は、休職中の社員に対し、産業医による面談を実施させる場合がある」「会社は、必要があると認める場合、本人の同意を得た上で、主治医との意見交換を行うものとする」との定めを置くこともある。

　こうした定めの追加も不利益変更に該当し得るものと思われるが、直接争点となった裁判例は見当たらない。こうした定めも解雇の猶予措置である休職期間中の取り扱いとして、労働者に格別の不利益を課すものとも思われず、その必要性や内容の相当性も通常肯定されるように思われ、結論として変更の合理性は認められることが多いのであろう。もっとも、会社への報告義務を課すに際して、私傷病による休職中の者に、必ず来社して面談報告をしなければならないとすることは、治療・療養中の労働者に無理を強いることもあり得、メール・電話による方法や新型コロナウイルス感染症の影響もあって昨今急速に導入拡大されたWEB会議など、治療・療養の妨げにならない方法を検討すべきであり、こうした配慮もなく、報告義務の規定を創設した場合には、変更の合理性が否定される方向に働くものと思われる。

14 定年制

[1]定年制

　定年制とは、労働者が一定の年齢に達したときに労働契約が終了する制度をいう[39]。定年到達前の退職や解雇が格別制限されない点で、労働契約の期間の定めとは異なるものとされる[40]。定年制は「企業の組織および運営の適正化のために行われるもの」として、裁判例上もその合理性が肯定されている（**秋北バス事件**　最高裁大法廷　昭43.12.25判決　民集22巻13号3459ページ）。

　高年齢者雇用安定法の平成6年改正によって60歳定年制を定年に関する強行的な基準としたことにより（同法8条）、企業の多くが60歳定年制を定めている。また、同法の平成16年および平成24年の改正によって、65歳までの雇用確保措置として、①65歳までの定年引き上げ、②希望者全員を対象とする、65歳までの継続雇用制度導入、③定年制の廃止、のいずれかの措置（高年齢者雇用確保措置）を講じなければならないとされ（同法9条）、厚生労働省「令和2年高年齢者の雇用状況」によれば76.4％と8割近い企業が②継続雇用制度を選択しているが、一部①定年の引き上げや③定年制の廃止を選択している例もある。

　そして、さらに、令和2年改正（令和3年4月1日施行）により、65歳までの雇用確保（義務）に加え、65歳から70歳までの就業機会を確保するため、高年齢者就業確保措置として、以下のいずれかの措置を講ずる努力義務が新設された。

---

[39]　高年齢者雇用安定法の定年について、「労働者が所定の年齢に達したことを理由として自動的に又は解雇の意思表示によってその地位を失わせる制度であって就業規則、労働協約又は労働契約に定められたものにおける当該年齢をいうものである。（中略）単なる慣行として一定年齢における退職が定着している場合等は含まれないものであり、また、いわゆる選択定年制のように早期の退職を優遇する制度における当該早期の退職年齢はここでいう定年ではないこと」とする行政解釈がある（令3.3.26　職発0326）。

[40]　菅野・前掲書755ページ

①70歳までの定年引き上げ

②70歳までの継続雇用制度（再雇用制度・勤務延長制度）の導入（特殊関係事業主に加えて、他の事業主によるものを含む）

③定年制の廃止

④70歳まで継続的に業務委託契約を締結する制度の導入

⑤70歳まで継続的に以下の事業に従事できる制度の導入

　a. 事業主が自ら実施する社会貢献事業

　b. 事業主が委託、出資（資金提供）等する団体が行う社会貢献事業

　前記改正を受けて、既に定年の引き上げや定年制の廃止を行った企業も一部にはみられるが、今後の検討課題にとどめている企業も多い。そこで、これら定年の引き上げおよび定年制の廃止に関する労働条件変更について検討する[41]。

　そもそも、定年の引き上げ、継続雇用制度の延長等の措置を講じる場合や創業支援等措置に係る制度を社内で新たに設ける場合には、労働基準法89条3号の「退職に関する事項」等に該当するため、就業規則を変更し、所轄の労働基準監督署長に届け出る必要がある[42]。

　そして、[図表2−4]のような規程として就業規則を変更することによる労働条件の変更が不利益変更に該当するかについて考えると、そも

---

[41] なお、前掲大阪経済法律学園（定年年齢引下げ）事件では、満70歳から満67歳への定年引き下げについて、少子化および大学数の増加に伴う私立大学間の競争激化や周辺の他の私立大学の動向といった被告（大学）を取り巻く環境の変化に対応するため、一定の必要性は認められ、また、満67歳という定年も合理的なものであるといえる一方で、教員の平均年齢の引き下げや年齢構成の偏りの是正は、中堅層の採用等によってある程度実現されており、緊急の課題とまではいえないこと、被告の講じた措置が、定年引き下げにより不利益を被る労働者に対する経過措置、代償措置とは評価できず、その他に、定年の段階的引き下げのような経過措置や、退職金の割増しのような適切な措置がとられていないこと等から、当該定年引き下げは使用者側の必要性と比較して労働者側の被る不利益が大きく、これへの代償措置等も十分に尽くされているとは認められないから、就業規則の不利益変更として合理性を有さず、無効であるといわざるを得ないとした。

[42] 創業支援等措置を講じる場合には、就業規則の変更とは別に、創業支援等措置の実施に関する計画を作成し、過半数労働組合等の同意を得る必要がある。

図表2－4 【規程例】定年を満60歳とし、その後希望者を継続雇用する例（満65歳以降は対象者基準ありの場合[43]）

第○条（定年等）
1　労働者の定年は、満60歳とし、定年に達した日の属する月の末日をもって退職とする。
2　前項の規定にかかわらず、定年後も引き続き雇用されることを希望し、解雇事由又は退職事由に該当しない労働者については、満65歳までこれを継続雇用する。
3　前項の規定に基づく継続雇用の満了後に、引き続き雇用されることを希望し、解雇事由又は退職事由に該当しない労働者のうち、次の各号に掲げる基準のいずれにも該当する者については、満70歳までこれを継続雇用する。
　⑴過去○年間の人事考課が○以上である者
　⑵過去○年間の出勤率が○％以上である者
　⑶過去○年間の定期健康診断結果を産業医が判断し、業務上、支障がないと認められた者

そも努力義務とはいえ法の要請に従って導入するものであり、これ自体を不利益変更の問題として論じることは不適当であると言えなくもない。しかしながら、定年の引き上げや定年制の廃止は、企業において経費圧迫の要因となることも事実であり、これらに伴い、人件費削減の必要性等から、一定年齢以上の労働者を対象に賃金その他の労働条件等を不利益に変更するといった施策が講じられることがあり、この場合には、不利益変更の問題が生じ得ることとなる。

　既存の定年年齢を引き上げる場合、従前の定年までの労働条件は変更せず、それ以降の労働条件を既存の定年までのものよりも減額したものとして定める場合が多いであろうが、この場合、従前の定年までの労働条件は不利益に変更されておらず、定年を引き上げた以降の労働条件は

43　高年齢者就業確保措置を講じる際に制度の対象者を限定する場合、対象者基準の内容は、原則として労使に委ねられるが、事業主と過半数労働組合等との間で十分に協議した上で、過半数労働組合等の同意を得ることが望ましいとされる。ただし、労使間で十分に協議の上で定められたものであっても、事業主が恣意的に高年齢者を排除しようとするなど高年齢者雇用安定法の趣旨や、他の労働関係法令に反するまたは公序良俗に反するものは認められない（高年齢者雇用安定法Q＆A［高年齢者就業確保措置関係］2　対象者基準⑫）。

新設したものとみることもでき、労働契約法10条の問題ではなく、7条の（類推）適用場面として、同条の合理的審査が及び、かつ、それで足りると解することができる[44]。

定年の引き上げに関する裁判例として**協和出版販売事件**（東京地裁平18. 3.24判決　労判917号79ページ）がある。同事件は、55歳から60歳への定年延長に伴い、55歳以降は嘱託社員とし賃金減額がなされたケースにおいて、その賃金減額は、就業規則の不利益変更自体には当たるものの、会社の経営環境や経営実態に照らす等した場合には合理性があったものと判断された。もっとも、この事件の控訴審は、そもそも変更前の就業規則では「従業員の定年は満55歳とし、定年に達した翌日をもって自然退職とする」と定められていたのみであって、55歳以上の従業員の賃金についての定めはなく、当該就業規則の変更は、従業員に不利益に変更された点はなく、就業規則を不利益に変更したものということはできないとした（東京高裁　平19.10.30判決　労判963号54ページ）。当該控訴審は、労働契約法施行前の事案であるが、同法10条の適用場面ではないと整理した上で、必要最小限の合理性のある労働条件か否かの判断基準により判断するとしたものとし、結論において、満55歳以降の控訴人らの月額給与は、54歳までのそれと比べて相当程度減額されることになり、ローン返済や学齢期の子供を養ったりしながら生活するには厳しい金額であるが、当時の具体的状況に照らして極めて苛酷なもので労働者らに定年まで勤務する意思を削がせるものとして、高年齢者雇用安定法の目的に反し、雇用関係についての私法秩序に反するとまでは評価することはできず、その意味で必要最小限の合理性はあるということができると判示しており、今後の70歳定年制の導入・定年延長に際しても実務上参考となる。

70歳までの定年の引き上げは、令和2年改正高年法では義務ではなく、

---

[44] 西谷敏、野田進、和田肇、奥田香子編『新基本法コンメンタール 労働基準法・労働契約法 第2版』〔日本評論社〕388ページ〔山下昇〕

あくまで努力義務にとどまるものの、定年を引き上げた以降の労働条件を新設する場面として、延長された定年までの間の賃金等の労働条件が、具体的状況に照らして極めて苛酷なもので労働者に高年齢者雇用安定法の定める定年まで勤務する意思を削がせ、現実には多数の者が退職する等高年齢者の雇用の確保と促進という同法の目的に反するものとならない限り、一定程度の減額は必要最小限の合理性を有するものとして許容され、労働契約法7条の（類推）適用により、有効な労働条件となると考えられるのであろう[45,46]。

［2］役職定年制

　役職定年制とは、労働者が一定の年齢に達したときに部長職、課長職といった役職を解く制度であるが、役職定年に至った場合でも定年制とは異なり雇用契約は存続するが、通常、給与の支給項目や金額は変更されることが想定されている。この役職定年制は、平成6年の高年齢者雇用安定法の改正により、55歳定年制から60歳定年制に移行したことに伴い、組織の新陳代謝や56〜60歳の期間中の給与を抑制する、あるいは職員構成の高齢化に伴うポスト不足の解消などの狙いから導入されるようになった等といわれており、役職定年制自体の合理性は一般に認められている[47]。55歳定年制から60歳定年制への移行当時は、もともと55歳で

---

[45] 労働契約法7条の合理性については、企業の人事管理上の必要性があり、労働者の権利・利益を不当に制限していなければ肯定されるとするものとして、菅野・前掲書207ページ、水町勇一郎『労働法 第8版』［有斐閣］82ページ。裁判例上、この合理性が否定されたことはほとんどないと指摘される。

[46] 各社、とりわけ中小企業などにおいては、独立行政法人高齢・障害・求職者雇用支援機構が公表している「65歳超雇用推進事例集」や「70歳雇用推進マニュアル」を参照しながら、制度や賃金等労働条件の設計を行うことが有益である。

[47] みちのく銀行事件（仙台高裁　平8.4.24判決　労判693号22ページ）では、55歳に達した者を従前の役職を解き、専任職へ移行する制度を導入した事案について、「そもそも、事業の効率的遂行のためどのような企業組織を編成し、どのような労働者を配置するかは、広い意味での使用者の人事権に属する事項であって、右のような専任職階を創設したことは、一定の年齢に達した行員を一律に従前の役職から外して、軽易な業務内容の職位に移行させ、若手・中堅行員に早く昇進の機会を与えて人事停滞による組織の硬直化と企業活力の低下を防ぐという、第一審被告の人事権に基づく組織改革の必要から出たものであると解され、その合理性を肯定できる」と判示されている。

長期雇用システムにおける賃金決済が完了することが前提となっていたため、定年延長に伴い56歳以降は役職を解き、給与が減額となることにも合理性が認められやすかったといえるが、現在は、60年定年制に移行してから一定の期間が経過し、60歳までの雇用と賃金が保障されている長期雇用システムが形成されているといえるため、例えば今から新たに55歳役職定年制を導入する場合には、平成初期の導入事例とは区別して考える必要がある。

役職の任免は、会社の裁量の範疇<ruby>範疇<rt>はんちゅう</rt></ruby>であるものの、役職定年に達した場合は降職となり、それによって基本給や役職手当等の額が減るという不利益が生じるのが通常である。そのため、裁判例上も、役職定年制を導入していなかった企業が就業規則を変更することにより新たに役職定年制を導入する場合は、「労働条件の不利益変更」に当たることを前提に変更の合理性が審査されている。

前掲みちのく銀行事件では、既に60歳定年制が採用されている中、55歳到達を理由に管理職から外し、新設した専任職層に移行させるよう就業規則を変更した事案について、「右変更は、これに伴う賃金の減額を除けば、その対象となる行員に格別の不利益を与えるものとは認められない。したがって、本件就業規則等変更は、職階及び役職制度の変更に限ってみれば、その合理性を認めることが相当である」として、会社の裁量の範疇である役職の任免の問題と、賃金の減額という労働条件の問題を区別しており、変更の合理性の審査に当たっては後者が特に問題となるものと考えられる。同事案では、同銀行が経営難にあり、就業規則変更の高度の必要性があると認めた一方で、55歳以上の専任職に就いた場合、基本給や管理職手当等を含めて賃金が40％前後の減額となり、減額幅が大きいこと、高年齢層の従業員のみ労働条件が不利益に変更され、逆に中堅層の賃金水準を上昇させたこと、賃金削減を正当化するに足りるほどの職務軽減が図られていないこと、変更後の賃金水準が格別高いとはいえないこと、経過措置が十分でないこと等を理由として、就業規則の

変更は無効であると判断されている。また、**熊本信用金庫事件**（熊本地裁　平26. 1.24判決　労判1092号62ページ）も、基本給が55歳以降毎年10％の割合で削減され、60歳定年時には50％削減となり減額幅が大きいこと、55歳以上の年齢層の労働者にのみ不利益を与えること、当該不利益を緩和する代償措置が存在しないこと等を挙げ、不利益変更の必要性についても、「近い将来における破綻や合併等の危機が具体的に迫っているような状況であったと認めるに足りる客観的な証拠はない」として、就業規則の不利益変更は無効であると判断している。

　これに対し、**第三銀行（複線型コース別制度）事件**（津地裁　平16.10.28判決　労判883号5ページ）は、管理職等が55歳に達すると専任職に移行し、それに伴い定例給与が減額される制度を導入した事案であり、役職定年に至っても職務軽減が図られていないことを指摘しながらも、不利益変更の高度の必要性を認めた上で、給与の減額幅が5.6〜7.9％と大きくなかったこと、多数労働者の加入している労働組合が変更を容認していたこと、55歳に達していない労働者の人件費も削減していたこと等を指摘し、結論として就業規則の不利益変更を有効であると判断している。

　以上の裁判例を踏まえると、役職定年制を導入するに当たってやはり賃金の減額幅が大きい場合には、当該賃金の減額を捉えて不利益変更が無効となる可能性が高いといえるため、役職定年制の制度設計として役職定年後の賃金減額幅を抑えた上で、さらに代償措置を講じることを検討することがポイントとなる。特に、降職に伴い従来支給されていた役職手当がなくなることそれ自体については、一般に人事権の濫用と評価される可能性は低いと解されているため、単に役職手当のみが撤廃されるような場合には労働条件の不利益変更が無効となるリスクは低いと考えられる。加えて、減額幅に相応するだけの職務軽減を図ることや、役職定年に至る年齢層だけでなく、他の年齢層の従業員についても経営難による負担を応分にする制度を導入することも検討すべきであるといえよう。

15 秘密保持・競業避止義務の新設

[1]秘密保持義務の新設

　労働者は、労働契約の存続中はその付随的義務の一つとして使用者の営業上の秘密を保持すべき義務を負っている。これは就業規則や労働契約における特約の存否にかかわらず存在するものといえるが、多くの企業では就業規則に秘密保持義務が規定されており、その場合には当該就業規則が労働契約を規律することとなる。

　労働契約の終了後については、就業規則の具体的な規定や個別の合意によって一定の秘密保持が義務づけられていれば、その合意内容が公序良俗に反しない限り、その履行を求めることや秘密保持義務違反による損害賠償請求も可能である（**ダイオーズサービシーズ事件**　東京地裁平14. 8.30判決　労判838号32ページ）。他方、かかる合意や約定が存しない場合には、秘密保持義務は存しないという考えと信義則上義務として存続し得るという見解の対立がある。

　見解の対立があることも踏まえれば、就業規則の具体的な規定や個別の合意によって使用者としては退職後の秘密保持義務を課すことが妥当な対応ということになる。退職後における秘密保持義務を個別に誓約等で課そうとすると、誓約書の提出を拒まれるケースもあることから、退職後における秘密保持義務について就業規則に定め、従業員全員を対象としておくことが有用である。

　このように就業規則等に秘密保持義務を負わせる規定を新設する場合、労働者に新たな義務を負担させることとなるため、不利益変更の一つの場面といえる。もっとも、企業の営業上または事業上の秘密や機密事項は、企業にとっては非常に重要な財産であり、これが外部へ漏洩されるリスクを低減させる必要性は一般的に高く、秘密保持義務を負担させられることの労働者の不利益は、職業選択の自由（憲法22条）に抵触することは想定しにくく小さいものといえる。したがって、変更の合理性は

原則認められるものと解される。

　念のため付言すれば、秘密保持義務を労働者へ負担させる場合には、その変更の合理性という論点よりも、その実効性をどのように図るかという点が問題になろう。就業規則等に規定を設ける場合についても、可能な限り具体的に保持義務が課せられる範囲や内容・態様について規定することが望ましい。また、規程化することに加え、退職時に、個別に誓約書を徴求することで退職者に対して適切な認識を持たせることができ、より実効的な秘密保持が期待できる面も現実に存することから、検討に値する。

［2］競業避止義務の新設

　労働者は、労働契約の存続中は、信義則上、使用者の利益に反する競業行為を控える義務があるが、通常労働者の競業避止義務が問題となるのは労働者が退職した後の場面である。もっとも、労働者には職業選択の自由があるため、労働契約が存在する場合とは異なり、退職後に当然に競業避止義務を認めることはできないと解される。つまり、就業規則や労働契約等の定めによってはじめて、退職後の競業避止義務が認められ得るのである。

　そこで使用者は就業規則に、労働者に対して退職後の競業避止義務を課す規定を設けることが考えられるが、これも秘密保持義務同様、不利益変更の一場面となる。かかる変更の合理性を検討するに当たっては、例えばノウハウや技術を独自のものとして維持するといった必要性が存する上で、競業避止義務の内容がその必要性を充足する形で労働者の職業選択の自由への侵害も小さく、相当な内容とされている必要があり、相当性が認められる競業避止義務であれば、新設による変更の合理性が肯定されやすくなるといえる。

　退職後の競業避止義務は、退職した労働者の職業選択の自由を害する措置であるため、競業制限が合理的範囲を超え、退職労働者の職業選択

の自由を不当に害する場合には公序良俗に反して無効とする。その合理的な範囲については、競業制限の期間、場所的範囲、職種の範囲、代償措置の有無等に基づき判断を行うというのが裁判所の基本的な考え方[図表2-5]であり（フォセコ・ジャパン・リミティッド事件　奈良地裁　昭45.10.23判決　判時624号78ページ等）、特約における制限の期間・範囲（地域・職種）を最小限にとどめることや一定の代償措置を求めるなど、その有効性を厳格に判断する傾向にある（A特許事務所［就業禁止仮処分］事件　大阪高裁　平18.10.5決定　労判927号23ページ等）。

　競業避止義務を新設し、その後に退職して競業他社に転職した元従業員に対して製品の製造業務の差し止め等を求めた**モリクロ（競業避止義務・仮処分）事件**（大阪地裁　平21.10.23決定　労判1000号50ページ）では、使用者独自の技術やノウハウが疎明されていることを認定し、また、「技術やノウハウは無形の存在であり、その秘密の流出が必ずしも容易に認識できるわけではないことからすると、秘密保持に実効性をあらしむべく退職後の競業避止を就業規則によって定める必要性」を認める一方で、競業避止義務規定の有効性について、「退職後の競業避止義務は、労働者の生計手段である職業遂行を制限するものであり、特に、本来、当該労働者が新たな職業に就く上で最も有力な武器となる職業経験上の蓄積を活用することを困難にするものであるから、その義務の存在を認めるについては、一定の慎重さが要求される」と言及し、「競業避止を必要とする使用者の正当な利益の存否、競業避止の範囲が合理的範囲に留

図表2-5　退職後の競業避止義務の取り扱い

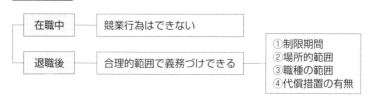

129

まっているか否か、代償措置の有無等を総合的に考慮し、競業避止義務規定の合理性が認められないときは、これに基づく使用者の権利行使が権利濫用になるものと解するべき」と判示した。同事件では、期間を1年間と限定していること、競業をしたり、在職中に知り得た顧客との取り引きを禁じるにとどまっていること、退職金を支給する旨の就業規則が存在すること、在職中の従業員らの待遇は、年収660万円以上と低賃金とは言い難いこと等の点から、競業避止義務に対する相応の措置がとられているとして就業規則における競業避止義務規定の有効性を認定している。

　昨今、雇用形態の多様化や人材の流動化等の影響から、営業秘密を争点とした裁判例は増加傾向にあり、その主な漏洩経路として退職者等が絡んだ営業秘密侵害が深刻となっていると指摘されている。不正競争防止法による保護以外に、自衛のために、退職者に対して競業企業への転職そのものを禁止する競業避止義務を課すことを検討すべき場合はより多くなっているように思われるが、このとき、有効性が認定されなければせっかくの自衛措置も台無しになってしまうのであり、その内容については、どの程度・どの範囲まで制限すべきか等を慎重に検討しなければならない。

16 配転・出向・転籍

[1]総論

　配転とは、同一使用者の下で職務内容や勤務場所の変更（転勤）を行うことをいい、企業内での異動であるが、長期雇用を前提とする日本の企業において、さまざまな業務を処理遂行することに伴って幅広い技能を習得させていくなど、その必要性が一般的に是認されている。

　出向は、現在の使用者との労働契約関係を維持したまま他の使用者の業務に従事することをいい、企業内で異動となる配転とは異なり、企業

経営に当たってのグループ間の人事異動、交流、また広いネットワークでの雇用管理として、やはり一般的に行われている。

転籍は、現在の使用者との労働契約関係を終了させて、他の使用者との間で労働契約関係を結び、帰属先を移転することをいう。転籍は、転籍先の使用者との間で新たに労働契約を成立させるに当たって労働者の個別の同意を要すると解されている。つまり、就業規則などで転籍の根拠規定を設けた[48]としても、それが故に使用者が個々の労働者の意思に反して転籍を命じることはできない。したがって、転籍にかかる労働条件の不利益変更は、まさに新たな労働契約の内容を労働者が承認するかどうかの問題であり、就業規則等による労働条件の不利益変更の問題とは別と整理できる。

労働条件の不利益変更としては、主に配転と出向について検討することとなるが[49]、例えば、これらの人事異動方策を新たに人事施策として就業規則に盛り込む場合を想定すると、配転はその勤務場所が変更されるといった労働者にとっての不利益が生じ得るし、出向は、労務を提供する先が変わってくることとなり、当該企業に入社した労働者の当初の意図とは異なる不利益が生じ得る。当該不利益と使用者の必要性等を総合考慮し、変更にかかる合理性が認められるかどうかを検討することが重要となる。

---

[48] 転籍出向規定の新設を有効とした事案として、三和機材事件（東京地裁 平7.12.25判決 労判689号31ページ）がある。

[49] ①専門管理職が一般社員に降格になることがある旨と、②かかる降格は新評価制度による評価を踏まえたルールに基づいて決定、実施される旨を定めた降格規定の新設について労働条件の不利益変更に当たるものとした上で、労働契約法10条に基づき変更の合理性を検討し、合理性を肯定したものとして、ファイザー事件（東京地裁 平28.5.31判決 労経速2288号3ページ）がある。なお、控訴審である東京高裁（平28.11.16判決 労経速2298号22ページ）も原判決を相当とし結論維持。また、有限責任監査法人トーマツ事件（東京地裁 平30.10.18判決 労経速2375号14ページ）も、人事制度変更は、人事評価の結果により、従来降格が予定されていなかったスタッフの従業員について、ジュニアスタッフへの降格を可能とするものであり、賃金制度においては、職能給や職種給は職位と結び付いて増減することが予定されているから、降格に伴って減給となる可能性があることに照らし、不利益性があることは否定できないとした上で、変更の合理性を肯定した。

［2］配転規定の新設等

　使用者が配転を命じるためには、配転の根拠となる規定が労働協約や就業規則に定められているなど、労働契約において定められている必要があり、また、職種や勤務地を限定する合意が労使間でなされている場合には、使用者の配転命令は当該限定合意の範疇における限りで有効に行うことができる。そして、これに基づく配転命令が、業務上の必要性が存在しない場合や不当な動機・目的をもってなされるなどの権利の濫用とならないことが求められる（前掲東亜ペイント事件）。多くの企業では通常、就業規則において、「会社は、業務上必要がある場合は、従業員に対して職場若しくは職務の変更、転勤、出向等その他人事上の異動を命ずることができる」といった形で、その根拠を定めているが、これを新規に規定として設ける場合には、前記の配転の必要性等使用者の雇用管理上の必要性から、ほとんどのケースで合理的なものといえるのであろう。

　配転命令を根拠づける規定の新設の場合、労働者とすれば配転命令を受け得る立場となり、配転により勤務場所を変更され得る立場に立たされるため、その点で労働条件の不利益変更に該当するが、前記のとおり、権利の濫用による配転命令は認められないことからすれば、規定新設により労働者が被る不利益は限定的といえる。

　関連する問題として、例えば、配転命令の結果、労働者の賃金が減額されるという不利益が生じる場合も考えられる。この場合には、配転命令が権利の濫用に該当しないかという枠組みにより、その有効性が判断されることとなるが、賃金減額の不利益変更については本章「**2**賃金の減額［4］賃金減額の同意」を参照していただきたい。賃金減額は労働者にとって重大な不利益である以上、基準としての一定の明確性を有する就業規則等の定めがあることが前提であり、その上で、配転命令の高度な必要性や代償措置等を検討することを要する。

　また、有期契約労働者等の非正規社員に対して、正社員同様の配転命令の根拠を就業規則やその労働契約に設けることを検討する場面もあり

得ると考えられる。その場合には、前記の検討に加えて同一労働同一賃金制度（パートタイム・有期雇用労働法8条）に関して、正社員と有期契約労働者等の非正規社員との「配置の変更の範囲」にかかる差異が希薄化する点には留意が必要である。

［3］出向規定の新設等

　次に、出向についても、就業規則等により出向命令権が根拠づけられる規定が設けられており、配転同様、出向命令がその必要性、対象労働者の選定に係る事情等に照らして権利の濫用とならない場合には、使用者による出向命令が認められる（労働契約法14条）。

　出向を行うことになれば、労働者はその労務を提供する先が変更されることとなるため、その労働条件の変更がなされ得る立場に立たされることとなる。つまり、出向規定の新設・変更を行うことにより出向を義務づけることは労働条件の不利益変更と解することができ、労働者の受ける不利益や変更の必要性、労使協議の有無等を勘案してその変更の合理性を検討する必要がある。もっとも、配転同様、出向においても権利の濫用による出向命令は認められないことからすれば、規定新設や変更そのものにより労働者が被る不利益は限定的といえる。

　この点、**ゴールド・マリタイム事件**（大阪高裁　平2.7.26判決　労判572号114ページ）は、「会社は従業員に対し、他の会社または団体に出向して勤務をさせることがある」との規定が設けられ、「出向規程」には、出向を命ぜられた者の取り扱いについての定めとして、出向期間を原則として3年以内とする旨、出向社員は休職とし、出向休職期間は出向元の勤続年数に算入する旨、給与および賞与は出向元が支給し、給与および賞与の額、昇給および昇進、役職および身分、人事や福利厚生等について社内勤務者と同様とする旨、服務規律、労働時間、休暇等の労働条件については出向先の就業規則による旨、出向期間が満了しまたは任務を終了したときは速やかに復職させる旨が各々定められた事案である。

同裁判所は、「改正就業規則において新たに出向に関する規定をもうけた
ことは、従業員にとって労働条件の不利益な変更にあたるというべきで
ある」とした上で、「労働組合との協議を経て締結された本件労働協約に
基づくものであるのみならず、その内容において、出向先を限定し、出
向社員の身分、待遇等を明確に定め、これを保証しているなど合理的な
ものであって、関連企業との提携の強化をはかる必要が増大したことな
ど控訴人の経営をめぐる諸般の事情を総合すれば、出向に関する改正就
業規則及び出向規程の各規定はいずれも有効なものというべきであり、
その運用が規定の趣旨に即した合理的なものである限り、従業員の個別
の承諾がなくても、控訴人の命令によって従業員に出向義務が生じ、正
当な理由がなくこれを拒否することは許されない」と出向規定の新設の
有効性を認めた（上告審の最高裁二小　平4.1.24判決　労判604号14ペー
ジも同旨）。このように出向規程を新設する場合、出向先を限定し、出向
社員の身分、出向期間、待遇を明確にすること、また当然ながら労使協
議を経ているかどうかを検討し、進めることが重要となる。

　昨今のグローバル社会においては、日本企業でも海外に現地法人があ
ることも一般的となっており、海外への配転や出向規程を新たに設ける
ことも十分にあり得よう。この場合も基本的には上記と同様であるが、
海外への赴任となると、その分労働者への不利益も相対的に大きくな
る。したがって、規定において出向期間や労働条件について可能な限り
具体的に定め、できれば個別同意をも取得して進めることが望ましいと
いえる。

［4］職種・勤務地限定合意を含む場合

　労働契約において、就業規則の変更によって変更されない労働条件と
して設定されたもの（個別特約による労働条件）として、特定の業務に
従事する旨の職種限定合意や特定の事業場での労務提供を約する勤務地
限定合意がなされる場合がある。このとき、就業規則の定めがある場合、

あるいは新設した場合でも、使用者の事業運営上の必要性にかかわらず一方的に職種、勤務地を変更することはできない（労働契約法10条ただし書き）。もっとも、労働者の同意がある場合には、職種変更をしたり、勤務地を変更することは可能である。

しかしながら、一般に職種は労働者の重大な関心事であり、また、職種変更が通常、給与等、他の契約条件の変更をも伴うものであることに照らすと、労働者の職種変更に係る同意は、労働者の任意（自由意思）によるものであることを要し、任意性の有無を判断するに当たっては、職種変更に至る事情およびその後の経緯、すなわち、❶労働者が自発的に職種変更を申し出たのか、それとも使用者の働き掛けにより不本意ながら同意したのか、また、❷後者の場合には、労働者が当該職種にとどまることが客観的に困難な状況であったのかなど、当該労働者が職種変更に同意する合理性の有無、さらに、❸職種変更後の状況等を総合考慮して慎重に判断すべきとした裁判例がある（**西日本鉄道［B自動車営業所］事件 福岡高裁 平27. 1.15判決 労判1115号23ページ**）。ここでは、労働者側が職種変更には労働者に解雇相当事由が認められることを要する旨主張したが、労働者にとって当該職種の重要性はさまざまであって、解雇相当事由が認められない状況においても、労働者が不本意ながらも諸事情を考慮して任意に職種変更に同意する場合もあり得ることに鑑みると、解雇相当事由の存在を職種変更の要件とするのは相当でないとして当該主張が排斥されていることは注目に値する。

勤務地についても、労働者がワークライフバランス等を重視し、介護・育児等さまざまな理由から生活の本拠を移動したくないということは当然にあり得、やはり重大な関心事であるといえるし、勤務地変更によって転居等生活環境の変化をもたらすことからすれば、上記同様、労働者の任意（自由意思）によるものであることを要し、その任意性の判断についても同じ規律が妥当するとみるべきなのであろう。**ジャパンレンタカーほか（配転）事件**（津地裁 平31. 4.12判決 労判1202号58ページ）

は、少なくとも近接店舗に限定する旨の合意があったもの、あるいは、仮にこうした合意が成立していないとしても各種事情から近接店舗に限定するようにできるだけ配慮すべき信義則上の義務があるとした上で、アルバイトに対する配転命令を権利濫用として無効とした。

17 懲戒事由、処分内容の追加

　懲戒処分とは、一般に使用者が労働者の企業秩序違反行為に対して科す制裁罰の性質を有する労働関係上の不利益措置である。懲戒の手段（種類）には、戒告・譴責（けんせき）、減給、出勤停止・懲戒休職、降格、諭旨解雇、懲戒解雇が主に用いられる[**図表2－6**]。懲戒処分（懲戒権）の根拠は、従来より、いわゆる固有権説、契約権説と区分される見解の対立があったところであるが、裁判例はおおむね、懲戒権は、労働者との労働契約に基づく使用者の企業秩序定立権の一環として存するものの、規則に定めるところに従い懲戒処分をなし得るとして、その事由と手段とを就業規則に明記することによって行使することができるものと整理していると解されている（労働契約法7条、労働基準法89条9号）。

　使用者においては、通常就業規則上に懲戒の種類および懲戒事由を定めているが、懲戒事由は限定列挙と解されるため、過去の不祥事や新たな時代において整備すべき懲戒処分対象行為を適宜追加して、会社の秩序を維持することは一般的に想定される。昨今においては、例えば情報漏洩事案やハラスメント事案、兼業・副業に関する事案などに対応するための条項追加が挙げられるであろう。

　懲戒事由を追加する場合、これが労働条件の不利益変更とみるべきかという議論の余地はあるものの、使用者が懲戒処分を科すことができる範囲を広げることとなるため、不利益変更の場面と捉えることが可能である[50]。もっとも、企業の秩序維持に当たって懲戒処分の対象となる行為を明記することは一般的に必要性が肯定されるであろうし、懲戒権行

図表2-6 懲戒処分の種類と内容

処分の種類	内　　　　容
戒告・譴責	労働者の将来を戒める処分で、戒告が始末書の提出を求めないのに対し、譴責は始末書の提出を求めるという違いがある。ただし、始末書の提出は強制できない。一般的に戒告のほうが処分が軽く、実務では懲戒処分ではない事実上の注意が多用される
減給	本来ならば支給されるべき賃金から、制裁として一定額を差し引くことをいう。減給できる金額に対しては、労働基準法91条で制限が設けられている
出勤停止・懲戒休職	制裁として労働者の就労を一定期間禁止することをいう。出勤停止期間は7～14日程度が多い。また、出勤停止とは別に懲戒休職を定めている会社もある。懲戒休職期間については1～3カ月程度とする会社が多い。出勤停止期間中は、一般的に賃金は支給されず、勤続年数にも通算されない。期間が長いと無効となる可能性が高い。なお、出勤停止による賃金の不支給は労働基準法91条の減給の制裁には当たらない
降格	制裁として職能資格制度の資格や職務等級制度の等級を引き下げることをいう。人事権の行使としても行われる職位や役職を引き下げる「降職」は、就業規則上の根拠は不要であり、労働契約法15条の懲戒事由該当性や処分の相当性判断に服することもないので、区別する必要がある
諭旨解雇	諭旨解雇（諭旨退職）は、労働者に退職願の提出を勧告し、それに応じない場合は懲戒解雇するという形式を取る。形式的には辞職による労働契約終了であり、この懲戒処分自体に法的効果があるわけではない。懲戒解雇より一段軽い懲戒処分で、退職金の一部または全部が支給される場合が多い
懲戒解雇	制裁として労働契約を使用者が一方的に解消するもので、懲戒処分の中で最も重い処分に当たる。ただし、有効性は厳格に判断される。解雇予告またはそれに代わる解雇予告手当の支払い（労働基準法20条）をせずに即時に行われ、退職金の全部または一部不支給を伴うことが多い

　使に対する濫用は労働契約法15条における保護が図られており、また、労働者としては懲戒事由に該当するような非違行為をしないことによって、その不利益を回避することが通常容易であることからすれば、労働者の不利益は極めて限定的といえる。また、そもそもハラスメント事案に関

50　懲戒権の根拠を固有権説の立場により使用者が本来的に有している権限であるとして、仮に懲戒事由の追加が不利益変更の場面でないと捉える場合であっても、結局は就業規則の合理性（労働契約法7条）という観点から、追加された懲戒事由の有効性を検証することとなるため、不利益変更の場面と捉える場合と結論を異にすることは想定し難い。

する懲戒事由を定めることは法の要請であり、こうした懲戒事由を定めることが制限される理由はない。したがって、労働者の権利利益を不当に制限するものを除き、変更に合理性は認められるものと解される。

　これは基本的には懲戒処分の種類・内容を追加変更する場合にも同様に当てはまる。要は、厳罰化や処分内容を多様化することの必要性が認められ、懲戒事由とこれに対する処分内容のバランスがとれている範疇であれば、結果として変更の合理性は肯定される。実例としては、出勤停止について、1週間を上限とする定めであったところ、諭旨解雇・懲戒解雇に処するには至らないものの、当該非違行為の情状に鑑みれば、他の懲戒事例との均衡も加味すると当該上限では適当ではないといった問題があり、別途懲戒休職の定めを創設し、1〜3カ月を上限とする長期の就労禁止を可能とするという追加変更をすることがみられる。こうした変更について、あまりに長期の出勤停止を可能とする定めを設けることは公序良俗（民法90条）に反するものとして無効となり得るが[51]、1〜3カ月程度であれば規定変更自体は合理性が否定されることはないように思われる。もっとも、規定の変更前の非違行為に対して、変更後の規定に基づく処分を科すことは遡及禁止の原則により許されないことは念頭に置いておく必要があるし、長期の出勤停止期間となることは労働者に重大な不利益を与えるため、適用場面において、その有効性については厳格に判定されることには留意が必要である（労働基準法15条）。また、例えば、減給については、「1回の額が平均賃金の1日分の半額を超え、総額が一賃金支払期における賃金の総額の10分の1を超えてはならない」と定められており（同法91条）、これを超えるような減給を定める変更は法違反として無効である（労働契約法13条）。

　なお、懲戒事由や処分内容は、「表彰及び制裁の定めをする場合におい

---

[51] 「（当該事案における懲戒処分の）6カ月間の休職は懲戒休職では最高限度であり、長期の給与の不支給を伴う重いもの」であるから、「休職3カ月間の限度で有効であり、これをこえる部分は懲戒権の濫用であって効力がない」としたものとして、岩手県交通事件（盛岡地裁一関支部　平8. 4.17判決　労判703号71ページ）がある。

ては、その種類及び程度に関する事項」（労働基準法89条9号）として就業規則の相対的必要記載事項（その事業所に定めがあれば記載しなければならないもの）とされているため、仮に労働協約において変更を行う場合でも、併せて就業規則の変更を行うべきであることは留意が必要である。

18 福利厚生施策の廃止

[1]福利厚生とは

　福利厚生とは、会社や事業主が経営上の必要性に応じて、主に従業員を対象に、経済生活や心身の安定を維持するために行う労務管理上の施策で、両者に利益をもたらす制度と広く定義できるが、その施策内容は企業によってさまざまである。

　福利厚生の措置について、男女雇用機会均等法施行規則1条は、①生活資金、教育資金その他労働者の福祉の増進のために行われる資金の貸し付け、②労働者の福祉の増進のために定期的に行われる金銭の給付、③労働者の資産形成のための金銭の給付、④住宅の貸与を規定するが、これにとどまらず、余暇施設（運動施設、保養所）、文化・体育・レクリエーション活動支援、自己啓発・能力開発関連として公的資格取得や通信教育等支援、さらにリフレッシュ休暇といったものがある。

　したがって、既に述べてきた労働時間や賃金にかかる労働条件とその性質が重なる側面もあるし、その内容いかんによっては、それらの労働条件とは大きく性質が異なる場合もある。そして、労働条件の不利益変更を検討する前提として、多種多様な内容が想定される福利厚生がそもそも「労働条件」に該当するかどうかという点で特色があるといえる。

　まず、就業規則に明示的に制度化されたものについては、合理的な内容を定めることによって労働契約の内容とされる（労働契約法7条）。例えば、企業としては福利厚生として扱っていた「食事補助」についての

裁判例を見ると、時間外労働をした場合に500円相当の食事または現金を支給していたところ、その支給基準は明確であることから、労働基準法11条の「賃金」に該当すると解されている（前掲日本ロール製造事件）。また、行政通達上、支給基準が明確に定められた昼食料補助、居残弁当料、早出弁当料は労働基準法11条の賃金であるとの解釈を示しており（昭26.12.27　基収6126）、これらの補助費は賃金として労働条件に該当することになる。

　他方で、就業規則等に規定がなく、ワンマン社長が恩恵的に支給している慶弔金といった類いになると、それが労使慣行化していない限り「労働条件」と考えることは難しく、労働条件でない以上、その変更や廃止に当たって不利益変更の合理性という検討は原則不要ということになる。

［2］福利厚生の廃止

　福利厚生について、いわゆる同一労働同一賃金規制（パートタイム・有期雇用労働法）により、パート社員、有期契約社員にも正社員同様に利用・付与を行うといった変更が多くの企業でもみられたところである。こうした変更は有利に変更するものであって特段問題とならない。しかしながら、企業によっては、全社員に同一の利用・付与を認めることが、企業体力・財務状況に照らして困難であることや、極めて一部の労働者にしか利用実績がなく、不公平感が募っていたことなどから、その一部または全部を廃止するといった施策を採る企業も存する。こうした場合に、労働条件の不利益変更の問題が生じ得る。

　労働条件となり得る福利厚生の変更にかかる裁判例を見てみると、JR東日本（杉並寮）事件（東京地裁　平9. 6.23判決　労判719号25ページ）は、独身者の寮を少数の36歳以上の社員が長年にわたって使用を継続していることが判明し、多額の福利厚生費を投じて運用している寮について、一部特定の社員のみが長年にわたり居住することを許容することは寮設置の目的にそぐわず、公平を欠く等と判断し、社宅利用規程の改正

により社宅の利用期間を「満年齢35歳となった日の属する月の末日まで」として、その利用を制限する改正を実施した事案である。裁判所は、「寮の利用関係は、従業員に対する福利厚生施策の一環として、社宅等利用規程によって規律される特殊な契約関係である」として、特段の事情のない限り、社宅等利用規程の改正という方法で利用関係の内容を変更することができるとした。そして、社宅等利用規程制定当初には居住期間の制限についての具体的な規定はなかったものの、当初から居住期間について別に定めることが予定されていたこと、福利厚生費の効率的、公平な支弁を企図して改正を実施したこと、改正によって規定された居住期間制限は、「独身寮」の利用規定として不合理ではなく、民間大手企業においても同様の制限を実施しているところが相当程度存在すること、改正に当たっては、手続き的にも十分な経過措置がとられ、従業員への周知手続きもなされていることから、改正が手続き的に無効であるとか公序良俗に反し無効であると認める余地はないとした。

　裁判所は寮の利用について、明示的に労働条件という文言は用いていないものの、社宅等利用規程に基づく契約関係であるとしていることから、福利厚生としての社宅利用を労働条件と判断し、その不利益変更については、現行の労働契約法10条に沿った合理性判断を行っているといえる。

　前掲日本ロール製造事件においても、支給基準の明確性が言及されていることを踏まえれば、従業員との間で福利厚生にかかる支給や利用について明確な基準が設定されている場合には、使用者として当該福利厚生を労働条件として取り扱い、その不利益変更を実施するに当たっては、不利益変更の合理性の問題を慎重に検討することが妥当とした。

[3]裁判例を踏まえた留意点

　福利厚生の内容は多岐にわたり、その不利益変更によって従業員に与える不利益の度合いもさまざまとなる。食事補助や手当といった給付に

かかる変更は相当に不利益の度合いが強くなるため、その変更の必要性や代償措置などがより検討されるべきということになるが、レクリエーション施設の利用を制限・廃止したとしても、その不利益は間接的であるから、不利益変更の合理性判断もおのずと緩やかとなり得る。

　また、福利厚生については、賃金等の重要かつ基本的な労働条件とは異なり、不利益変更であっても許容される余地は多分に存するものといえる。しかしながら、こうした福利厚生は、労働者にとって当該企業に魅力を感じる要素の一つであり、人事部門にとっては優秀な人材を獲得し、また引き留めるための重要な人事施策であるともいえ、安易な不利益変更は避けることが望ましいという点は失念してはならないのであろう。

19　雇用形態の変更

[1]正社員登用

　パート社員、アルバイトを契約社員として登用したり、あるいは契約社員を正社員に登用したりするなどによって雇用形態（雇用管理区分）の変更を行うことがある。これは、パート社員等として入社した者へ正社員までの一貫したキャリアパスを提示するなどの意味合いもあり、また、パートタイム・有期雇用労働法13条3号において雇用する短時間・有期雇用労働者について、事業主は通常の労働者への転換を推進するため、以下の四つのいずれかの措置を講じなければならないとされていることから、正社員登用制度が設けられていることも多い。

①正社員募集時における募集内容の周知
②正社員のポストの社内公募時における応募機会の付与
③正社員へ転換するための試験制度の構築
④その他の正社員への転換の推進措置

こうした正社員登用が必ずしも常に有利な変更というべきではないとも思われるが[52]、本書では、一般的に不利益な変更と考えられている、正社員から非正規社員等への雇用形態の変更について言及することとする。社員としての雇用形態は、雇用契約によって決まるが、就業規則等の定めによって、使用者たる企業が一方的に無期雇用である正社員から有期雇用である契約社員、パート社員、アルバイト等に転換させることは許されない。ここでは、労使間での有効な個別合意が必要となることをまず理解しておく必要がある。

[2]裁判例

雇用形態の変更が争点となった裁判例は多くないが、**ジャパンビジネスラボ事件**（東京地裁　平30. 9.11判決　労判1195号28ページ）は、正社員である労働者が育児休業終了までに子を入れる保育園が決まらなかったため、週3日勤務の契約社員となる有期労働契約を締結して復職した事案である。正社員から契約社員への変更を、労働契約を継続しつつ単に労働条件を変更したものではなく、正社員契約を解約するとともに、これと別途の契約である契約社員契約を締結する合意があったと解した上、労働契約上の地位を維持するために必要であって、当該合意がなければ、これを維持することは不可能または相当困難であり、合意によって得る法的な地位は、これをせずに育児休業終了を迎えた場合に置かれる地位と比較して有利なものであり、当該合意は、その当時の原告の状況に照らせば、必ずしも直ちに原告に不利益な合意とまではいえないから、真意によらない会社の強要によるものとは認められず、男女雇用機

会均等法9条3項および育児・介護休業法10条にいう婚姻、妊娠、出産をしたことや育児休業の申し出・取得したこと等を理由とする不利益な取り扱いに当たらないとして、有効な合意であったと認めた。

　これに対し、育児休業後の有期雇用契約への変更、その後の雇止めを無効としたものとして、**フーズシステムほか事件**（東京地裁・平30.7.5判決　労判1200号48ページ）がある。同裁判例は、期間の定めのない嘱託社員としての雇用契約であった労働者が、育児のため時短勤務を希望したところ、会社から勤務時間を短くするためにはパート社員になるしかないと言われ、パート契約書に署名押印したもので、育児・介護休業法23条および同法23条の2の文言や趣旨等に鑑みると、同法23条の2の規定は、子の養育または家族の介護を行う労働者等の雇用の継続および再就職の促進を図り、これらの者の職業生活と家庭生活との両立に寄与することを通じてその福祉の増進を図るという目的を実現するためにこれに反する事業主による措置を禁止する強行規定として設けられたものと解するのが相当であり、育児のための所定労働時間の短縮申し出および同措置を理由として解雇その他不利益な取り扱いをすることは、同項に違反するものとして違法、無効であり、事業主による不利益な取り扱いであるが、当該労働者と事業主との合意に基づき労働条件を不利益に変更したような場合には、事業主単独の一方的な措置により労働者を不利益に取り扱ったものではないから、直ちに違法、無効であるとはならないとの規範を示した。その上で、労働者が使用者に使用されてその指揮命令に服すべき立場に置かれており、当該合意は、もともと所定労働時間の短縮申し出という使用者の利益とは必ずしも一致しない場面においてされる労働者と使用者の合意であり、かつ、労働者は自らの意思決定の基礎となる情報を収集する能力にも限界があることに照らせば、当該合意の成立および有効性についての判断は慎重にされるべきである。そうすると、上記短縮申し出に際してされた労働者に不利益な内容を含む使用者と労働者の合意が有効に成立したというためには、当該合意に

より労働者にもたらされる不利益の内容および程度、労働者が当該合意をするに至った経緯およびその態様、当該合意に先立つ労働者への情報提供または説明の内容等を総合考慮し、当該合意が労働者の自由な意思に基づいてされたものと認めるに足りる合理的な理由が客観的に存在することが必要であるというべきであるとし、労働者が受ける不利益が相当大きなものであると認め、会社から十分な説明を受けたとはいえない等の事情によれば、パート契約が労働者の自由な意思に基づいてされたものと認めるに足りる合理的な理由が客観的に存在すると認めることはできないとし、パート契約は無効であり、引き続き期間の定めのない嘱託社員としての地位を有しているとされた。

　また、**エターナルキャストほか事件**（東京地裁　平29. 3.13判決　労判1189号129ページ）は、雇用条件を正社員からパート社員に変更した上で、事業所において清掃スタッフとして勤務することに同意するよう迫り、これに同意できない場合には辞職するほかないかのように仕向けたことに違法性を認めた。

［3］裁判例を踏まえた留意点

　雇用形態の変更は、労働者に対して重大な影響を及ぼすことは明らかであり、合意によらなければ不可能であることはもちろんであるが、合意形成に至る経緯が適切である必要があり、賃金減額における合意形成と同程度に慎重になす必要があるといえる。

20　合併や営業譲渡等による労働条件の変更

　中小企業の廃業の増加による経営資源の散逸を防止し、これらの中小企業が担ってきた事業の価値を維持することは急務であるとして、中小M＆A（合併・買収）の推進が喫緊の課題とされている。譲受側企業にとっても、従来の事業の再構築や経営資源の集約化を通じて生産性向上

等をもたらすなど企業の成長を促進するという積極的意義も指摘される。また、ベンチャー企業の出口戦略（EXIT戦略）として、株式公開（IPO）でなく、M＆Aによって事業を売却することを選択する例も近時増加している。

　こうした中、株式譲渡によるスキームであるとか、株式交換、株式移転であれば、当事会社の労働者の地位に変容はなく、グループ会社間の労働条件の相違ということとなるため、ある程度の統一の要請は当然に働くものの、相違を残置したままであっても重大な支障は直ちには考えにくい。他方、合併や会社分割の場合、当事会社の権利義務が包括的に承継されるため、労働者の労働条件もそのまま引き継がれることとなり、同一会社内での労働条件の相違が生じることとなってしまい、人事管理等の面で著しい支障があり得、これを統一する喫緊の要請が生じる。このとき、もちろん、すべての労働条件を有利に引き上げて統一するのであればよいが、ほとんどの場合これは容易ではなく、一部ではあっても引き下げなどの不利益変更とならざるを得ない。また、例えば、外部積み立てを伴う退職金・退職年金制度など、制度上の理由により、合併や会社分割に際してそのままの形で制度の承継を行うことが困難な場合もあり、こうした面からも、労働条件の不利益変更に係る規制に直面することとなる。

［1］合併

　合併に際して退職金規程の不利益変更がなされた事案として、**大曲市農業協同組合事件**（最高裁三小　昭63. 2.16判決　民集42巻2号60ページ）がある。同裁判例は、農業協同組合の合併に伴って新たに作成された退職給与規程の退職金支給倍率の定めにより、一つの旧組合の支給倍率を低減するという不利益変更について、「一般に、従業員の労働条件が異なる複数の農協、会社等が合併した場合に、労働条件の統一的画一的処理の要請から、旧組織から引き継いだ従業員相互間の格差を是正し、

単一の就業規則を作成、適用しなければならない必要性が高いことはいうまでもない」と判示した上、合併に際してその格差を是正しないまま放置するならば、合併後の人事管理等の面で著しい支障が生ずることは見やすい道理である、とまで述べた上、不利益の程度、変更の必要性の高さ、その内容、関連するその他の労働条件の改善状況および労使間の交渉状況に照らし、当該変更に合理性が認められるとして、不利益変更を有効とした。

　合併時に、労働条件の引き下げ、不利益変更を行った場合で、労働契約法10条の適用により、その有効性が争点となった裁判例は見当たらないが[53]、前掲大曲市農業協同組合事件の指摘する「労働条件の統一的画一的処理の要請から、旧組織から引き継いだ従業員相互間の格差を是正し、単一の就業規則を作成、適用しなければならない必要性が高い」という点はいずれの事案でも妥当するといえよう。もっとも、賃金の大幅減という不利益の程度が大きい変更は、当該必要性や変更後の内容、その他の措置をもってしても合理性が認められるには相当ハードルが高いといえる。しかしながら、労働条件が異なる労働者相互の格差是正を放置すれば、やはり人事管理上も支障が大きく、また、当該労働者間での不平不満も募ってしまい、さまざまな問題に発展し得る。よって、労働条件格差が大きすぎ、また、有利な条件への統合も難しい場合には、スキーム自体の見直し、例えば株式譲渡などを検討することも必要になるであろう。M＆Aに際しては、PMI（Post Merger Integration：M＆A成立後の統合プロセス）が重要であると指摘されるが、とりわけこうし

---

[53] 吸収合併時になされた、変更に対する労働者の同意の有効性が問題となった近時の裁判例として、前掲山梨県民信用組合事件がある。同判決においては、「就業規則に定められた賃金や退職金に関する労働条件の変更に対する労働者の同意の有無については、当該変更を受け入れる旨の労働者の行為の有無だけでなく、当該変更により労働者にもたらされる不利益の内容及び程度、労働者により当該行為がされるに至った経緯及びその態様、当該行為に先立つ労働者への情報提供又は説明の内容等に照らして、当該行為が労働者の自由な意思に基づいてされたものと認めるに足りる合理的な理由が客観的に存在するか否かという観点からも、判断されるべきものと解するのが相当である」と判示し、自由な意思に基づいてされたものと認めるに足りる合理的な理由が客観的に存在するか否かという観点から審理を尽くす必要があるとして破棄差戻しとした。

た労働条件の相違への対応検討も失念してはならない。

[2]会社分割

　会社分割特有の問題としては、労働契約承継法により、雇用関係の承継を実現するためのプロセスに規制が存在していることが挙げられる。会社分割は、合併と同様、労働者の権利義務関係は包括承継される一方で、承継される労働関係の範囲が分割契約または分割計画に記載されるかどうかという使用者の意思のみによって決定されてしまうと、使用者が承継対象者を恣意的に選別することが可能となるため、労働者の承継排除または承継強制の不利益を防止するべく、労働者の保護を目的として労働契約承継法が定められている。

　労働契約承継法8条に基づき、労働契約承継指針（平12.12.27　労告127）が公表されており、同指針に従うことが実務上重要であるが、同指針では、労働条件の不利益変更に関し、「労働契約の内容である労働条件の変更については、労働組合法（昭和24年法律第174号）及び労働契約法（平成19年法律第128号）における労使間の合意を必要とすることとされていることから、会社分割の際には、会社は会社分割を理由とする一方的な労働条件の不利益変更を行ってはならず、また、会社分割の前後において労働条件の変更を行う場合にも、労働契約法第10条の要件を満たす就業規則の合理的な変更による場合を除き、労使間の合意によることなく労働条件を不利益に変更することはできないこと。」（労働契約承継指針第2の2（4）イ（ロ））として、合意原則に言及している。

　会社分割に際して労働契約承継法によらず、労働者から個別に転籍同意を得て労働契約を移転させた際の労働条件の変更が問題となった**阪神バス（勤務配慮・本訴）事件**（神戸地裁尼崎支部　平26. 4.22判決　労判1096号44ページ）は、会社分割前は障害を有することを理由に勤務シフトについて配慮を受けていた労働者が、会社分割後に勤務シフトの配慮が得られなくなったという事案において、当該労働者は転籍について

個別同意をしていたものの、労働契約承継法に基づく通知義務等が省略されていたことから、かかる手続きは労働契約承継法の趣旨を潜脱（編注：禁止されている手段以外の手段を用いることで、意図的に法の規制を免れること）するものであるとして、労働条件の不利益変更が公序良俗に反して無効であると判断された。会社分割時における労働者本人の個別同意による労働条件変更の余地が一律に否定されたものではないものの、会社分割に際して転籍型の労働契約の承継を行う場合には、労働契約承継法2条1項に基づく通知を行い、会社分割に伴う労働条件の変更に係る十分な説明の機会を設けるなど、手続き面における労働者への十分な配慮が必要となる。

　会社分割に伴う労働条件の不利益変更が、労働契約法10条に従い判断された裁判例は不見当であるが、基本的に合併と同様の観点から合理性の審査がなされるものと考えられよう。

［3］事業譲渡

　事業譲渡の場合、前記合併・会社分割の場合の包括承継と異なり、事業に関する財産等を個別に移転する特定承継となるため、譲渡対象となる事業に従事する労働者の雇用契約は当然には引き継がれず、譲渡会社・譲受会社および当該労働者の合意によって承継されるか否かが決定される。このときの承継の方法として、①使用者としての地位の譲渡と労働者の同意、②譲渡会社からの退職または解雇と譲受会社による採用、③譲渡会社による譲渡会社への転籍命令と労働者の同意、といった類型があるとされる[54]。

　M＆Aに際して、前記合併・会社分割時と同様、労働条件の統一的画一的処理の要請から、譲渡会社から引き継いだ労働者と、譲受会社の労働者との間の労働条件の格差を是正しなければならない必要性が高いこ

とは同じであり、事業譲渡に際して、譲渡会社での労働条件を一部引き下げることと合わせて、譲受会社への移転同意を提案することがある[55]。この場面における労働者の同意には、譲渡会社での退職と退職条件を決定すること、譲受会社への入社と新しい労働条件を決定することという二つの意味がある。労働条件の不利益変更は事業譲渡時の労働者との合意によってなされることとなり、いったん譲渡会社での労働条件を維持したまま雇用関係が承継され、労働条件の統一のために事業譲渡後に労働条件を変更するような例外的な場合を除き、労働契約法10条の適用場面はないと考えられる。

　事業譲渡は特定承継であることから、労働者の意思が介在することとなり、労働者が譲受会社への移転を拒む限り雇用の承継は否定され、譲渡会社との雇用関係が存続するし、特定の労働者を承継対象に含めないことで排除することも原則として可能である[56]（**東京日新学園事件**　東京高裁　平17. 7.13判決　労判899号19ページ、**更生会社フットワーク物流ほか事件**　大阪地裁　平18. 9.20判決　労判928号58ページ等）。もっとも、特定の労働者を承継対象に含めず排除する行為が、不当労働行為（労働組合法7条）であるとか公序良俗違反（民法90条）などの強行法規に違反するような場合、排除行為は違法無効とされ、労働契約の承継が認められることがある。

　勝英自動車学校（大船自動車興業）事件（東京高裁　平17. 5.31判決労判898号16ページ）では、譲渡会社の従業員全員に退職届を提出させ、退職届を提出しない者は譲渡会社の解散を理由に解雇する旨の譲渡会社と譲受会社との間でなされた合意は、公序良俗（民法90条）に反し無効

---

[55] 譲渡会社等は、承継予定労働者から承諾を得るに当たっては、真意による承諾を得られるよう、承継予定労働者が勤務することとなる譲受会社等の概要および労働条件等について十分に説明し、承諾に向けた協議を行うことが適当であるとされる（事業譲渡又は合併を行うに当たって会社等が留意すべき事項に関する指針　平28. 8.17　厚労告318）。

[56] 譲受会社が提示する労働条件が譲渡会社での労働条件より著しく不利であると、譲受会社への移転を拒む労働者が多数発生し、事業上の支障が生ずる可能性があるため、譲受会社においては一定の合理性のある労働条件を提示することが求められよう。

であり、譲渡会社と従業員との間の労働契約は営業譲渡により譲受会社
に承継されると判示された。同裁判例は、A会社が経営していた自動車
学校の営業の全部を100％親会社であるB会社に営業譲渡した後に解散
し、A会社の従業員のうち労働条件をB会社の水準に引き下げることに
応じた者はB会社に採用される一方、労働条件引き下げに異議を申し出
た者に対しては会社解散を理由とする解雇が行われたという事実関係が
認定され、A会社による前記解雇は労働条件変更に異議のある従業員を
個別に排除する目的で行われたものであることから解雇権濫用により無
効とし、また、A、B両会社間にはA会社従業員の労働契約関係をB会
社に移行させることを原則とするが、労働条件変更に異議がある従業員
については移行から排除する旨の合意があったと認められるところ、こ
の合意は公序良俗違反により無効であり、労働条件変更に異議のある従
業員の労働契約についても前段部分に基づいてB会社に承継される、と
判示した。このほか、裁判例上、当事者の意思解釈[57]や法人格否認法理[58]
によって労働契約の承継が認められることもある。

　事業譲渡の当事会社の立場からすれば、労働契約の承継が認められる
余地を残すような当事者の意思解釈を否定するため、事業譲渡契約にお
いて労働契約の承継がなされないことを明示的に規定し、労働契約の承
継を前提とするような言動はできる限り避ける必要がある。また、労働
条件を不利益に変更するとしても、その不利益に配慮する措置をとるこ
とで、紛争が生じる事実上のリスクを低減することも重要である。それ
により、結果的に労働契約の承継に係る労働者の同意取得もスムーズに
進むことが期待できるであろう。

---

[57] 当事者の意思解釈により労働契約の承継を導く裁判例として、タジマヤ（解雇）事件（大阪地裁
　平11.12.8判決　労判777号25ページ）等がある。
[58] 法人格否認法理により労働契約の承継を導く裁判例として、新関西通信システムズ事件（大阪地
　裁　平6.8.5決定　労判668号48ページ）、日進工機事件（奈良地裁　平11.1.11決定　労判753号15
　ページ）等がある。

21 業績悪化による労働条件の変更

　業績悪化による経営困難な状況において、企業は、全従業員について賃金原資を一定割合で減額することとし、これを基本給や諸手当において一律に（基本給の一律2割減額など）、または年齢等による配分比を決めて、措置を講じることがある[59]。こうした労働条件の不利益変更を就業規則の変更によって実施する場合は、労働契約法10条の規律に服することとなるが、企業が業績悪化による経営困難な状況に陥っていることは、合理性の審査における考慮要素の一つである「労働条件の変更の必要性」の中で考慮されることとなる。

　この「労働条件の変更の必要性」の要件は、前掲大曲市農業協同組合事件以来、「特に、賃金、退職金など労働者にとつて重要な権利、労働条件に関し実質的な不利益を及ぼす就業規則の作成又は変更については、当該条項が、そのような不利益を労働者に法的に受忍させることを許容できるだけの高度の必要性に基づいた合理的な内容のものである」ことを必要とすると判示しており、労働者の不利益の程度が大きい場合には使用者側に要求される経営上の必要性のハードルは高く設定されることとなる[60]。

　他方、企業が経営上の大きな危機に瀕しており、労働条件の変更について極度の業務上の必要性が存在する場合には、労働者の不利益が大きい賃金の切り下げについても合理性の審査はやや緩やかに判断されることとなる。前掲みちのく銀行事件は、「企業においては、社会情勢や当該企業を取り巻く経営環境等の変化に伴い、企業体質の改善や経営の一層の効率化、合理化をする必要に迫られ、その結果、賃金の低下を含む労働条件の変更をせざるを得ない事態となることがあることはいうまでもなく、そのような就業規則の変更も、やむを得ない合理的なものとして

---

[59] 菅野・前掲書433ページ
[60] 前掲第四銀行事件判決において同旨。

その効力を認めるべきときもあり得るところである。特に、当該企業の存続自体が危ぶまれたり、経営危機による雇用調整が予想されるなどといった状況にあるときは、労働条件の変更による人件費抑制の必要性が極度に高い上、労働者の被る不利益という観点からみても、失職したときのことを思えばなお受忍すべきものと判断せざるを得ないことがある」と判示しており、企業の存続自体が危ぶまれる状況や経営危機による雇用調整が予想される状況等においては、労働者の雇用喪失よりも、賃金切り下げにより労働者全体で応分負担すべきとの価値判断から、一定の賃金切り下げを許容しているものとみることができる。もっとも、同事件では就業規則の変更により賃金が33〜46％引き下げられた労働者の不利益の大きさ、および高年齢者層のみが不利益を負担していること等を理由に、多数組合の同意を大きな考慮要素と評価することは相当でないとし、結論として変更の合理性が否定されている。

　変更の合理性を認めた裁判例として、前掲日刊工業新聞社事件は、国内、海外の支局閉鎖や高年齢従業員の希望退職の募集による人件費削減等の経費削減策を講じたものの、財務状況が改善せず、主力銀行から支援を得て倒産を回避するための再建計画の一環として退職金規定を改定し、退職金を50％削減したが、清算するとなれば退職金の25％程度の配当とならざるを得なかったとして、労働条件の不利益変更が不合理ではないと判示した。また、**学校法人早稲田大阪学園事件**（大阪高裁　平29. 4.20判決　労経速2328号3ページ）は、消費収支で見ると大幅な支出超過の状態が長期間にわたって継続し、役員報酬の削減等の人件費圧縮策を講じていた学校法人について、経営状態が危機的なものであり、破綻を回避するためには、労働者の退職金という重要な権利に不利益を及ぼすこととなってもやむを得ない高度の必要性があり、労働条件の激変緩和措置がとられたり、大阪府内で高い退職金水準を維持しているなど、変更後の内容も相当で、労働組合との交渉説明も行われていることから、人事制度全体の改正に伴う退職金減額について合理性を認めた。

他方、変更の合理性を否定した裁判例として、前掲杉本石油ガス事件は、LPガス減少を原因とする売り上げ減により約19億円の負債を負っている中、就業規則の改訂により正社員の賃金を約25％減額したことについて、売り上げの減少を経費削減により補う必要性は認めつつも、会社の説明が十分でなかったこと、会社が従業員ごとに削減率を恣意的に調整できる運用であったこと、担当業務の軽減がなかったこと、労働組合との交渉でも説明が不十分であったこと等を指摘し、就業規則の不利益変更を無効と判断している。

　企業の存続自体が危ぶまれるような極度の経営上の必要性が存在することは、就業規則の不利益変更に係る合理性を肯定する方向に働くといえるが、労働者の不利益が大きい場合、果たして人件費の削減に踏み込む必要があったかどうかという点を踏まえ、変更内容を検討することが重要となる。また、経営難である場合に限られるものではないが、特定の労働者に不利益を負担させないこと、労使交渉を誠実に行うことも重要となろう。

22　変更解約告知

[１] 変更解約告知とは

　企業の経営上必要な労働条件変更による新たな雇用契約の締結に応じない従業員の解雇を認める「変更解約告知」の法理が認められれば、雇用管理区分の変更に応じない者を解雇することにより、事実上強制的に契約社員へ変更することができると指摘される。そのほか、就業規則によっては変更されない労働条件としての合意（労働契約法10条ただし書き）が存する場合も、こうした変更解約告知による方法があるとされる。

　変更解約告知は、使用者が従前の労働契約を解約告知するとともに、新たな労働条件の下での労働契約の継続を申し込むというものであり、

講学上、議論がなされている[61]。**スカンジナビア航空解雇事件**（東京地裁 平7. 4.13決定 労判675号13ページ）[62]においても、「賃金体系、退職年金制度、労働時間等の労働条件の変更は、従来、高騰し過ぎていた賃金を生産性に見合う適正なコストに是正すること、人員の大幅減少によって必然的に生じる退職金制度維持の困難さを解消すること、そして業務の合理的運用の必要性から行われたものであったということができ、その内容は社会的相当性を有する範囲内のものであり、企業経営上一つの選択として許容されるもの」とした上で、新組織におけるポジションおよび賃金等の新労働条件を明示した上、早期退職および同ポジションへの再雇用を申し入れ、これと同時に、解雇する旨の解雇予告の意思表示をなしたことを、「雇用契約で特定された職種等の労働条件を変更するための解約、換言すれば新契約締結の申込みをともなった従来の雇用契約の解約であって、いわゆる変更解約告知といわれるもの」と判示した。そこでは、「会社と債権者ら従業員との間の雇用契約においては、職務及び勤務場所が特定されており、また、賃金及び労働時間等が重要な雇用条件となっていたのであるから、本件合理化案の実施により各人の職務、勤務場所、賃金及び労働時間等の変更を行うためには、これらの点について債権者らの同意を得ることが必要であり、これが得られない以上、

---

[61] 土田道夫『労働契約法 第2版』［有斐閣］599ページ。水町・前掲書168ページ以下、前掲『新基本法コンメンタール』383ページ〔野田進〕。

[62] 「労働契約を解約（解雇）するとともに新たな労働条件での雇用契約の締結（再雇用）を募集すること（いわゆる変更解約告知）が、適法な使用者の措置として許される場合はあろう」として、変更解約告知が許容される場合があることを示した裁判例として、関西金属工業事件（大阪地裁 平18. 9. 6判決 労判929号36ページ、大阪高裁 平19. 5.17判決 労判943号5ページ）がある。ただし、同裁判例では、それが労働条件の変更のみならず人員の削減を目的として行われ、一定の人員については再雇用しないことが予定されている場合には、整理解雇と同様の機能を有することとなるから、整理解雇の場合と同様に、その変更解約告知において再雇用されないことが予定された人員に見合った人員整理の必要性が存在することが必要となるとされ、結論において本件変更解約告知において削減された人員に見合った人員整理の必要性があったとは認めることができない等として、解雇を無効と判断している。これに対して、ドイツ法と異なって明文のないわが国においては、労働条件の変更ないし解雇に変更解約告知という独立の類型を設けることは相当でないとした裁判例として、大阪労働衛生センター第一病院事件（大阪地裁 平10. 8.31判決 労判751号38ページ）がある。

一方的にこれらを不利益に変更することはできない事情にあったというべきである」と原則論を展開した上で、「しかしながら、労働者の職務、勤務場所、賃金及び労働時間等の労働条件の変更が会社業務の運営にとって必要不可欠であり、その必要性が労働条件の変更によって労働者が受ける不利益を上回っていて、労働条件の変更をともなう新契約締結の申込みがそれに応じない場合の解雇を正当化するに足りるやむを得ないものと認められ、かつ、解雇を回避するための努力が十分に尽くされているときは、会社は新契約締結の申込みに応じない労働者を解雇することができるものと解するのが相当である」との規範を定立し、当該事案の変更解約告知について、労働条件変更の必要性および合理性を肯定して有効と判断した[図表2−7]。

　講学上も結論はみていないように思われるが、変更解約告知は確かに労働者を困難な選択に追い込むことになるものの、経営困難に陥った使用者が一方的な意思により労働条件の引き下げまたは解雇を実施することと比べるならば、労働者に自己決定の余地を残す点で評価すべき点が

図表2−7　変更解約告知の概要

変更解約告知＝労働条件の変更を伴う新契約締結の申し込み
※労働条件の変更に同意すれば雇用は継続するが、変更に応じない場合は解雇により
　雇用が終了する

【変更解約告知のタイプ】

①解雇・再雇用型

労働条件を変更するためにいったん解雇	＋	新たな労働条件での再雇用の申し込み

②条件つき解雇型

労働条件の変更の申し入れ	＋	労働者が拒否した場合には解雇

【変更解約告知の判断基準】
①労働条件の変更が会社業務の運営にとって必要不可欠
②労働条件変更の必要性が、労働者の受ける不利益を上回っている
③新契約の締結申し込みに応じない場合の解雇を正当化するに足りるやむを得ない事
　由の存在
④解雇を回避する努力が十分に尽くされている

あるとも指摘されており[63]、肯定的に解することでよいように思われる。もっとも、その要件として、前掲スカンジナビア航空解雇事件で示されたとおり、あくまで、変更解約告知が、労働条件変更を目的とする解雇である以上、①労働条件変更の必要性と、それによって労働者が被る不利益を比較衡量の上、②変更の必要性が、それに応じない労働者の解雇を正当化するに足りるやむを得ないものと認められ、③使用者が解雇回避努力義務を尽くしていることを要すると解されるべきであり[64]、容易に適用が認められるものではないことは意識しなければならない。また、変更解約告知は不利益変更の受け入れと労働契約の終了との選択を労働者に行わせようとするものであることから、それぞれの選択肢は切り離されることなく、1回の意思表示で表明されなければならず、それらはあらかじめ明確に定められていなければならないとされる[65]。

［2］実務対応

仮に、変更解約告知という独立の類型が認められないとしても、整理解雇法理をも含む通常の解雇権濫用法理の枠内で、解雇の前に労働条件変更の申し出（一種の解雇回避措置）がなされていること、労働条件変更のために配転や就業規則変更という手段を用いる可能性がなかったことなど、変更解約告知に伴う特殊な事情を考慮に入れながら、解雇の合理性・相当性を判断すればよいと解されるものであって[66]、使用者が検討すべき事情に大きな相違はないように思われ、実務上、それを変更解約告知と呼ぶかはおくとしても、企業存立のための一手段として認められ、検討されるべき事項であると考える。

とりわけ、新型コロナウイルス感染症の世界的な影響を受け、「ニューノーマル」時代と呼ばれる社会経済に大きな変革が訪れようとする中、

[63] 前掲『新基本法コンメンタール』383ページ〔野田進〕
[64] 土田・前掲書601ページ
[65] 前掲『新基本法コンメンタール』383ページ〔野田進〕。前掲関西金属工業事件も参照。
[66] 水町・前掲書170ページ

また、数次にわたる緊急事態宣言等もあって、経営上極めて大きな打撃を受けた企業においては、従前の労働条件を維持したままでは早晩立ち行かなくなる高度の蓋然性を内在している場合もある。こうした企業において、新規事業への進出、新分野への展開、業態転換、事業再編といった事業再構築に挑むようなとき、使用者が従前の労働契約を解約告知するとともに、新たな労働条件の下で労働契約の継続を申し込むことは十分考えられ、前記要件を充足する限り、新たな労働条件の下での労働契約の継続に応じない労働者を解雇することは個別具体的な事情の下では、認められるべきであろう。

23 労使慣行の是正・破棄

[1]労使慣行の成立

　使用者と労働者間に長期間反復継続する取り扱い、すなわち労使慣行が存在する場合がある。そのような労使慣行には、就業規則や労働協約に明文の規定がないものもあれば、就業規則や労働協約の解釈基準となっているものも存在する。就業規則や労働協約に明文の規定がない場合において、労使慣行が法的拘束力[67]を有するための要件は**[図表2-8]**のとおりである[68]。特に、③の使用者側の規範意識の有無が問題となり、権限を持たない現場の管理者が長年にわたり一定の取り扱いを認めていたにすぎない取り扱いや、会社の過誤による取り扱いについては労使慣行としての法的拘束力を有しない。例えば、**国鉄池袋電車区・蒲田電車区事件**（東京地裁　昭63.2.24判決　判タ676号97ページ）は、勤務時間内に洗身入浴を行う取り扱いがなされていたところ、これを理由に賃金カッ

---

[67] 法的根拠は、民法92条の「事実たる慣習」あるいは当事者間の黙示の合意に求められると解されている。

[68] ただし、就業規則や労働協約より不利な労使慣行や公序良俗に反する労使慣行は法的効力を有しない。すなわち、労使慣行が労使間で法的拘束力を有するためには、法的拘束力を付与するに値する合理性を有する必要があると解されている。

図表2-8 労使慣行の成立

「労使慣行」が法的効力を持つには、以下①～③の実態があることが必要

> ①同種の行為・事実が一定の範囲で長期間にわたって反復継続し、
> ②労使双方がこれに明示的に異議を唱えず、
> ③特に使用者側（当該労働条件の決定権や裁量権を有する者）が、それに従うという規範意識（長年繰り返されてきた慣行を規則・準則として従う意識）に支えられている

単に、事実が積み重ねられているだけでは足りず、
当事者が「規範意識」を持っていることが必要

トを行った事案であるが、電車区長が勤務時間内の洗身入浴を行うことを認めていた事実は認定した上で、電車区長には就業規則を制定・改廃し得る権限を有しておらず、就業規則を制定・改廃し得る者が明示または黙示に是認しない限り法的効力を有する労使慣行が成立しているとはいえないと判示している[69]。

　ANA大阪空港事件（大阪高裁　平27. 9.29判決　労判1126号18ページ）では、退職金規程の内容を具体化する基準について、内規として取り扱う旨記載されており、あくまで会社の運用基準として定められたもので就業規則の一部ではないとし、労使双方の規範意識に支えられるものとして労使慣行となっていたと認めることもできないとした。

［2］労使慣行の是正・破棄

　上記［1］労使慣行が法的拘束力を持ち労働契約の内容となっている場合、あるいは労使慣行が就業規則の解釈基準となっている場合で、就業規則の新設あるいは変更によって、労使慣行を改廃する場合は、労働契約法の規律（9～11条）に従って処理されるべきと解される[70]。裁判例

---

[69] 他に、労使慣行の成立に使用者側の規範意識が必要であると判示した裁判例として、前掲商大八戸ノ里ドライビングスクール事件（大阪高裁　平5. 6.25判決　労判679号32ページ、最高裁一小　平7. 3. 9判決　労判679号30ページ、同上告審も原審の判断を是認）、日本大学（定年・本訴）事件（東京地裁　平14.12.25判決　労判845号33ページ）等がある。

上も、前掲シオン学園（三共自動車学校・賃金体系等変更）事件は、同法10条の適用ないし類推適用を認め、使用者が労使慣行を一方的に変更する場合に変更の合理性を要求しており、就業規則改定の手続きを踏んでいないことを理由として労使慣行の変更を無効と判断している。

　また、前掲立命館（未払一時金）事件は、労働契約法の施行前において、年6カ月分の一時金を支給することが労使慣行として契約内容となっていたことを認めた上で、「（当該）労使慣行の変更が許される場合とは、その必要性及び内容の両面からみて、それによって労働者が被ることになる不利益の程度を考慮しても、なお当該労使関係における当該変更の法的規範性を是認することができるだけの合理性を有する必要がある。特に、賃金、退職金など労働者にとって重要な権利、労働条件に関し実質的な不利益を及ぼす労使慣行の変更については、当該変更が、そのような不利益を労働者に法的に受忍させることを許容することができるだけの高度の必要性に基づいた合理的な内容のものである場合において、その効力を生ずるものというべきであり、その合理性の有無は、具体的には、労使慣行の変更によって労働者が被る不利益の程度、使用者側の変更の必要性の内容・程度、変更後の内容自体の相当性、代償措置その他関連する他の労働条件の改善状況、労働組合等との交渉の経緯、他の労働組合又は他の従業員の対応、同種事項に関する我が国社会における一般的状況等を総合考慮して判断すべきである」として、労働契約法10条に準じた判断がなされている事案で実務上参考となろう[71]。

　なお、労使慣行が労働協約の解釈基準として機能しているケースにおいては、労働協約の解約ないし改正の方法によらなければ、当該労働協

---

[70]　菅野・前掲書220ページ
[71]　そのほか、JR西日本（労働時間制度変更）事件（大阪地裁　平11. 3.29判決　労判761号58ページ）は、従来労働時間ではないが賃金支払いの対象としていた「みなし労働時間制」を廃止する一方、別途加給した事実を認定し、全体的に見ればみなし労働時間の廃止による賃金の減少を十分に補てんする内容となっているとして、労使慣行の変更に合理性があると判断しており、労使慣行の不利益変更においても代償措置の有無は重要なポイントとなる。

約の解釈基準たる労使慣行は破棄され得ないこととなるため、留意すべきである。

　これに対し、労使慣行が法的拘束力を有しない場合、使用者は、原則として、一方的に当該労使慣行を是正または破棄することが可能であると考えられる。他方で、前掲第四銀行事件では、55歳定年後も従前の労働条件を下回らない条件で勤務を継続することは既得権でない、すなわち労働契約の内容でないとしつつも、労働者において合理的な期待が生じており、そのような合理的な期待に反して定年以降の賃金を引き下げることは、実質的に見て労働条件を不利益に変更するに等しいとして不利益変更の法理を適用している。

　もっとも、同判決の調査官解説[72]において「定年後在職制度の下での労働条件は、既得の権利乃至法的地位に基づくものではないため、その変更を受忍させることを許容することができる必要性等の程度が、その労働条件が就業規則等に規定されたり、個別契約に明示されるなどして労働条件の内容となっている場合よりも多少低いもので足りることは、当然の前提とされているといえよう」との見解が示されているとおり、労使慣行が存続することに合理的期待が生じているといっても、不利益変更を有効たらしめるために要求される変更の合理性のハードルは、法的拘束力を有する労使慣行の変更の場合と比して相対的に低いと考えてよいであろう。

---

[72] 最高裁判所調査官室編『最高裁判所判例解説 民事篇 平成9年度』［法曹界］324ページ〔川神裕〕

第 3 章

労働条件変更の手順と
チェックポイント

1 はじめに

　雇用する労働者の労働条件変更について、前章までに法制度と裁判例を見てきたが、本章では、実際に各社が労働条件を変更するに当たって、具体的にどのような手順を追って進めることが必要になるのかを整理の上、各手順において考慮・検討しなければならない事項をチェックポイントとして挙げていく。

　手順について俯瞰（ふかん）すると、おおむね[図表3－1]のとおりである。もっとも、これらの手順は並行して進めることでもよく、また、手戻りも生じ得るものであり、完全なフローチャートというよりは、こうしたプロセスを確実に履行したか否かを点検するために用いることを想定している。また、実務上、何らかの事情により労働条件を変更することとなった場合に、広く参照いただくことを意図しているが、原則として本書のテーマである不利益変更を想定し、労働者に有利に変更する場合は考慮外とする。

図表3－1　労働条件変更時の手順

①労働条件変更の目的の整理
②変更する労働条件・対象となる労働者の特定
③当該労働条件を定めた根拠の確認（就業規則、労働協約、労使慣行、個別特約）
④労働条件変更の方法の検討
⑤変更時期・変更内容の検討
⑥変更する労働条件によって各労働者が受ける不利益の大きさの検証
⑦経過措置・代償措置の検討
⑧労働者への説明・協議の機会の確保
⑨就業規則・労働協約の変更手続きの履行、周知

2　労働条件変更時のチェックポイント

［1］労働条件変更の目的の整理

　はじめに、労働条件を変更するに当たって、その目的は何かということを、具体的に根拠を洗い出して整理する必要がある。例えば、財務状況の改善ということであっても、より深掘りして、具体的にどの程度の改善が必要と見込まれる状況にあるのか財務諸表を仔細に検討し、労働条件の変更によって達成しようとする数字に落とし込むことを要する。人件費よりも先に削減すべきものがないか、人件費を削減することが危機的状況を回避することに有用なのかという観点からの検討を行うことを要するのであり、前章でも見たとおり、とりわけ人件費の削減を図ろうと賃金・諸手当について減額する場合には、その不利益の程度にもよるものの、就業規則の変更で対応するのであれば、原則として「高度の必要性」が要求されることを意識しなければならない。

　そのほか、法令の改正に合わせることが目的である場合にも、どのような改正内容を取り込むのか具体的に把握する必要がある。また、新型コロナウイルス感染症の影響を受け、ニューノーマルとなった労働者の働き方への対応や、柔軟な労働時間制の導入による従業員満足度の向上等、労働条件変更の目的はさまざまあり得る。

　労働条件変更の目的が複合的となることもあるが、いずれにせよ、何のために労働条件を変更するのかという点は、「変更の合理性」が認められるために必要というだけでなく、労働者からの理解を得るためにも不可欠であり、曖昧な目的設定のまま進めるといったことは避けなければならない。不利益を被ることとなる労働者からの反論・異議に対して、適切に論証できるよう、まずは目的の点からきちんと整理しておくことを要する。

[2]変更する労働条件・対象となる労働者の特定

　次に、目的に照らして、変更する労働条件が何であるか、また、どの範囲の労働者の労働条件を変更するのかをきちんと特定する必要がある。このとき、一つの項目のみの変更ではなく、複数の労働条件を一斉に変更するといった場合もあるが、それぞれの労働条件が各労働者にどのように設定されているのかを整理していくことも必要となる。不利益変更における変更の合理性は、個々の労働者ごとに判断されるものであり、平均のみで捉えていては、変更の必要性に見合わない大きな不利益を被る労働者を見逃してしまい、結果として変更が無効となるおそれもある。

　労働者を使用して効率的かつ合理的な事業経営を行うためには、労働条件を集合的・統一的に決定する必要がある。その際、就業規則を下回る個別合意を得ても無効となる以上（労働契約法12条）、とりわけ労働条件の不利益変更の場面では、個別の合意のみならず就業規則の変更が必要となるが、その対象が一部の特定の者となると合理性が否定される方向に働くため、不利益の負担は労働者に応分負担させることを本則として検討することが望ましい。

　また、特定の労働者を排除する目的等で差別的に取り扱うようなことはもちろん許されないし、組合員のみに不利益が集中して労働組合の弱体化等（不当労働行為）を狙ったものとなっていないかということも検証することを要する。

[3]当該労働条件を定めた根拠の確認（就業規則、労働協約、労使慣行、個別特約）

　変更する労働条件の特定とその対象が確認できれば、次に、当該労働条件がいかなる根拠、規律に基づいて定まっているのかを確認することとなる。

　就業規則（賃金規程、退職金規程その他社内規程を含む）や労働協約に規定されているものであるか、あるいは明文化されていない労使慣行

によるものであるのかを分析して的確に整理しておく必要がある。これ
は変更手続きを的確に実施するに際して不可欠であるし、その相互の優
劣関係もあることから、おろそかにしてはならない。

　勤務地・職種限定等があり、就業規則の変更によっても変更し得ない
合意（労働契約法10条ただし書き）となっている労働条件であるかどう
かも、ここで確実に確認しておくことを要する。特に、中小企業では、
社内規程にも雇用契約書にも記載されていない特定の労働条件（とりわ
け、諸手当に多い）が存することもあり、注意を要する。

[4]労働条件変更の方法の検討

　労働条件を変更するに当たって、どのような手続きによることが必要
であるかを整理する。集合的・統一的に労働条件を変更するに当たって、
当該労働条件が就業規則によって根拠づけられている場合や、労働協約
によって根拠づけられているものの、変更後の新たな労働協約を労働組
合と締結できなかった場合には当該労働協約を適切に終了させた上で、
就業規則による変更は欠かせない。この場合であっても、労働組合など
事業場の労働者の意思を代表する者との交渉の経緯や結果は重要な判断
基準の一つである。したがって、就業規則の変更による労働条件の不利
益変更という方法を取るにしても、可能な限り、個々の労働者や労働組
合等の同意を取得することを本則とすることが、労働条件の不利益変更
の有効性の確度を上げることにつながるし、その後の円滑な労使関係を
維持していくためにも重要である。

　また、個別の同意を取得する方法による場合でも、就業規則に満たな
い労働条件へ変更する場合には、就業規則の変更を要することを失念し
てはならない。そして、個別同意を取得するとしても、口頭あるいは黙
示の同意で進めることは避け、書面によって明示的な同意を得ることと
した上で、説明会や個別面談の機会を設けるなど、その同意を得るプロ
セスについても整理して検討しておくことが望ましい。

[5]変更時期・変更内容の検討

　具体的に変更する労働条件はいつから適用する必要があるのか、そのための猶予はどの程度あるのか、制度設計や労使協議等準備にどの程度の期間を要するのか、をあらかじめ検討しておかなければならない。

　もちろん、財務状況が逼迫（ひっぱく）していれば、今すぐにでも労働条件を変更したいという思いはあろうが、変更の目的・必要性に照らし、例えば既に発生した賃金等の債権放棄まで求めるのか、あるいは、将来の賃金等の債権の縮減を図るのかを整理することを要する。さらに、将来という場合に、具体的に手元の資金状況や今後の収益見通しなどを踏まえ、どの程度までは猶予があるのかは事前にできる限り検討しておくべきである。後述する労働者への説明や協議も時間をとって丁寧に進める必要があるし、変更後の内容についても内容自体の相当性、経過措置の有無・内容、代償措置その他関連する他の労働条件の改善状況の検討などを要する。いかに厳しい状況であったとしても拙速な進め方をしてしまうと、結果として無効な労働条件の変更となってしまい、財務状況をより悪化させてしまうことにもつながりかねないことから、変更の導入時期については可能な限り余裕を持たせたスケジュールで計画しておくことが望ましい。

　また、変更後の労働条件の内容について、過去の制度との継続性にも配慮し、多数の労働者から納得が得られる相当なものとなっているかも十分に検討しなければならない。

[6]変更する労働条件によって各労働者が受ける不利益の大きさの検証

　個別的な事項となるが、前記[2]にて事前に確認した各対象労働者の労働条件と比較して、変更後の労働条件がどの程度インパクトのある性質・幅であるのかを検証する必要がある。対象労働者に対する不利益のインパクトは、不利益変更の必要性とともに、その合理性を基礎づける最重要ポイントでもあり、慎重な検討を要する。例えば、特定の手当の

廃止に際して、一律月3万円減であっても、月給50万円の者と月給16万円の者とでは受ける不利益の程度は異なるのであり、具体的に個々の労働者のレベルに落とし込んで検証することが重要である。

[7] 経過措置・代償措置の検討

　常に必要というわけではないが、上記各手順によって確認した不利益の程度に応じ、これを軽減する経過措置や代償措置を検討する必要が生じる。特に、重要な労働条件について不利益となる変更を一気に推し進めてしまうことは相当性を欠くこととなり、結論として変更の合理性が否定されかねないことを十分に意識すべきである。個々の労働者が受ける不利益の程度にバラつきがある場合には、経過措置にも柔軟性を持たせる（例えば、10％を超える大きな不利益を受ける労働者については10％までになるように超過減額分の調整手当を支給したり、あるいは、初年度は5％減額し、次年度にさらに5％減額といった不利益変更を段階的に実施したりする）など、可能な範囲で手厚い措置を検討すべきである。

[8] 労働者への説明、協議の機会の確保

　実施したい労働条件の変更について、制度設計の段階から労働組合や労働者に丁寧に説明し、意見聴取したり、あるいは協議の場を設けたりすることも大切である。多数の労働者からの同意あるいは異議がないという事情は変更の合理性を担保するに当たって重要な要素であり、また、円満な労使関係を維持・構築するに当たっても欠かすことができない。協議の結果によっては、経過措置や代償措置の再検討をすべき必要が生じるし、過半数の強い反対を受けるなどした場合には、強引に進めるのではなく、当初の検討に立ち返り、変更内容の再考あるいは取りやめといった判断を行うことも必要となり得る。

　また、労働条件変更後も、階層別の教育を継続して行い、適正な運用に努めたり、意識調査や労働組合の職場集会での声を反映させて運用を

行ったりすることによって、労働者の理解・納得性を高める取り組みを継続することは、法的にも意義のあることであり、事実上、紛争への発展を防ぐ意味合いもあることから、検討すべきである。

労働者への説明等に際しては、口頭のみで行うことは適切妥当とは言い難く、特に賃金や賃金制度、労働時間等の重要な労働条件の変更を伴う場合には、労働者が適切に理解できるように、文書を作成した上で行うことが必須と考えるべきである。

さらに、繰り返しの説明や協議の機会を設け、大多数の労働者からの理解や同意を得たとしても、なおも少数の反対意見が残ることは当然に予期すべき事項である。これに対して、限りなく反対意見がゼロになるまでさらに検討・譲歩を行っていく場合もあるだろうし、可能な手続きは尽くしたとして就業規則の変更による労働条件の不利益変更に進むといった選択肢もあり得る。後者の方策を採るに当たっては、変更の合理性が認められるのか、労使協議の推移や結果も踏まえ、改めて検証することを要する。

［９］就業規則・労働協約の変更手続きの履行、周知

せっかく労働者の同意を得た、あるいは変更の合理性のある労働条件の変更を検討し就業規則を改定したとしても、必要な就業規則の変更手続き（意見聴取、届け出、周知）を怠ってはならない。労働協約についても同様である。

また、会社からの労働条件の変更の打診に対する労働者の同意を得る、すなわち個別の合意によって労働条件を変更する場合には、黙示の同意あるいは口頭の同意によるべきではなく、とりわけ、賃金の減額という重大な内容の合意が成立したのであれば、その旨を書面化するなどして労働者の同意内容を客観的に明らかにしておくことは当然のことと理解しておくべきである。

第 4 章

Q＆Aで学ぶ
不利益変更の注意点

Q1

就業規則を変更すれば個別の労働契約を変更しなくても、労働契約の内容を不利益に変更できるか

A 「就業規則の変更によっては変更されない労働条件として合意していた部分」を除き、「変更の合理性」と「変更後の就業規則の周知」を満たせば、個別の労働契約を変更しなくても就業規則の変更によって労働契約の内容を不利益に変更することは可能である

1. 合意原則

　労働条件は、労使が対等な立場において決定すべきもの（労働基準法2条、労働契約法3条1項）であり、自主的な交渉の下で合意によって成立する労働契約によって定められるものであって、労働条件の変更の場面でも同様であり、労使の合意により、労働契約の内容である労働条件を変更できる（労働契約法8条、9条）。

　労働契約法9条本文は、同法8条の労働契約の変更についての「合意の原則」に従い、使用者が労働者と合意することなく就業規則の変更により労働契約の内容である労働条件を労働者の不利益に変更することはできないという原則を確認的に規定する（平24. 8.10　基発0810第2、最終改正：平30.12.28　基発1228第17）が、裏を返すと、労働者の不利益となる場合でも、就業規則の変更による労働条件の変更に労働者が合意すれば、労働条件の変更が可能ということになる。

2. 就業規則の変更による労働契約の内容の変更

　上記のとおり合意原則が妥当する労働契約であるが、多数の労働者を使用して効率的かつ合理的な事業経営を行い、労働条件を集合的・統一

的に決定する必要性から、個々の合意によらず、就業規則による変更が認められている。

　すなわち、労働条件の変更は合意によることが原則であるが、就業規則の変更による労働条件変更の合意（労働契約法9条）がなくとも、「変更の合理性」および「変更後の就業規則の周知」の要件を満たした場合に、合意による労働条件変更の原則の例外として、就業規則の変更による労働条件の不利益な変更が認められる（同法10条）。

　ここでの「変更の合理性」は、①労働者の受ける不利益の程度、②労働条件の変更の必要性、③変更後の就業規則の内容の相当性、④労働組合等との交渉の状況、⑤その他の就業規則の変更に係る事情を掲げており、これらを総合的に考慮して判断されることとなる**[図表4－1]**（詳細については**Q2**参照）。

　ただし、就業規則の変更による労働条件の不利益変更について「変更の合理性」が認められ、「周知」もなされたとしても「労働契約におい

図表4－1　労働条件変更のルール

【原則】

合意原則
合意なき就業規則の変更による労働条件の不利益変更の禁止

【例外】

変更の合理性 下記①～⑤の事情などに照らして総合的に考慮して判断される ①労働者の受ける不利益の程度 ②労働条件の変更の必要性 ③変更後の就業規則の内容の相当性 ④労働組合等との交渉の状況 ⑤その他の就業規則の変更に係る事情

変更後の就業規則の周知

↓

効力発生

て、労働者及び使用者が就業規則の変更によっては変更されない労働条件として合意していた部分」についてはこの限りではなく（労働契約法10条ただし書き）、個別の労働契約を変更する場合は個別の合意を得なければならないことに留意が必要である。もっとも、就業規則の内容と異なる労働条件を合意していた部分が存する場合であっても、将来的な労働条件について、❶就業規則の変更により変更することを許容するものと、❷就業規則の変更ではなく個別の合意により変更することとするもの──のいずれもがあり得、❶の場合には、「変更の合理性」と「変更後の就業規則の周知」を満たせば、就業規則の変更による労働条件の変更は可能であることも理解しておくとよい。例えば、中途採用者などで、採用時の個別の労働契約において、就業規則の内容と異なる労働条件を合意していた部分があったとしても、当該労働条件が直ちに就業規則の変更による労働条件の変更ができないものに当たると判断するのではなく、その契約締結の経緯や契約書の記載内容等、各種事情を考慮して上記❶❷のいずれに該当するかをよく検証することにより、個別合意によらず変更可能であることもあり得る。

Q2
不利益変更における「変更の合理性」の判断基準のポイントは何か

A 　労働条件の変更の必要性と、変更の内容（労働者の受ける不利益の程度および変更後の就業規則の内容の相当性）との比較衡量がポイントとなり、これに労働組合等との交渉の状況、その他の就業規則の変更に係る事情を加味して総合判断される

1. 変更の合理性

　労働条件の変更において、個人ごとに決定された労働条件の変更を行う場面であれば格別、多数の労働者に共通する労働条件を変更する場合にすべての労働者の合意を個別に取得することは、現実的に困難な場面も想定される（不利益変更の場合には、なおさらである）。しかしながら、多数の労働者を使用して効率的かつ合理的な事業経営を行うためには、労働条件を集合的・統一的に決定する必要がある上に、就業規則を下回る個別合意を得ても無効となる以上（労働契約法12条）、とりわけ労働条件の不利益変更の場面では、個別の合意のみならず就業規則の変更が必要となる。

　このような就業規則の変更による労働条件の不利益変更時に必要となる「変更の合理性」について、労働契約法10条は、①労働者の受ける不利益の程度、②労働条件の変更の必要性、③変更後の就業規則の内容の相当性、④労働組合等との交渉の状況、⑤その他の就業規則の変更に係る事情を掲げており、これらを総合的に考慮して判断がなされることとなる。この点をもう少し踏み込んで説明すると、②労働条件の変更の必要性、と変更の内容（①労働者の受ける不利益の程度、および③変更後の就業規則の内容の相当性）との比較衡量が基本となり、これに④労働組合等との交渉の状況、⑤その他の就業規則の変更に係る事情を加味して総合判断されるという構造となっている[図表4－2]。

2. 各判断基準のポイント

　まずポイントとなるのは、①労働者の受ける不利益の程度、②労働条件の変更の必要性、③変更後の就業規則の内容の相当性——の各事情である。

　特に、賃金や退職金等の労働者にとって重要な労働条件の不利益変更は、その生活に与える影響が大きく、①労働者の受ける不利益の程度が大きくなり、「変更の合理性」が否定されやすくなる。このような場合、

175

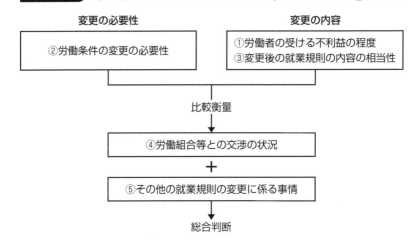

図表 4 - 2　労働条件の不利益変更における「変更の合理性」の判断

変更の必要性　　　　　　　　　　変更の内容

②労働条件の変更の必要性　　　　　①労働者の受ける不利益の程度
　　　　　　　　　　　　　　　　　③変更後の就業規則の内容の相当性

比較衡量

④労働組合等との交渉の状況

＋

⑤その他の就業規則の変更に係る事情

総合判断

②労働条件の変更の必要性において財務状況の逼迫による経営難といっ
た高度の必要性が要求されることとなり、また、③変更後の就業規則の
内容の相当性として、減額という不利益を受ける労働者に対して、変更
後1年目は旧給与との差額の100％を、2年目は差額の50％を別途調整手
当として支給したりすることや、より長期的に5年間かけて段階的に減
額したりといった経過措置などによって不利益緩和措置を講じることな
どを検討すべき必要がある。なお、①労働者の受ける不利益の程度は、
個々の労働者が被る不利益の程度が問題となるため、例えば、賃金制度
の改定等で全体を長期的に見れば中立的であるが、短期的に見れば特定
層の労働者のみが不利益を負うというような労働者間の不利益の不均衡
が生じる場合に、当該層にいる一部の者の短期的な不利益にも十分に配
慮しなければならない。

　これらに加え、④労働組合等との交渉の状況について、過半数労働組
合との合意が得られれば変更の合理性が一応推測されるものと評価され
るため（**第四銀行事件**　最高裁二小　平9. 2.28判決　民集51巻2号705
ページ）、より多くの労働者との合意が存在することが望ましい。ここで

は、必ずしも合意に至らないとしても、制度設計・検討の段階から労働者のニーズを把握したり、労働者が参画する機会を設けたりする取り組みなど、賃金制度等の労働条件の見直し過程において、労働者間の納得性を高める取り組みを実施することや、職場ごとの説明会の開催、経営トップのメッセージ配信、メールによる質問への回答など丁寧な説明を行うことがポイントとなる。

Q3
賃金減額の不利益の程度について、賃金の何％を超える減額は認められないといった基準はあるか

A 画一的な基準はないが、参考事例として20％以上の賃金減額の合理性を否定する裁判例もあり、使用者としては減額幅を10％程度に止める変更内容を意識することが望ましい

就業規則の変更により労働条件を不利益に変更する場合に、当該変更が合理的かどうかは、①労働者の受ける不利益の程度、②労働条件の変更の必要性、③変更後の就業規則の内容の相当性、④労働組合等との交渉の状況、⑤その他の就業規則の変更に係る事情に照らし、各判断要素を総合的に考慮して判断されるため、一つの判断要素のみ切り分けて検討することは相当ではない。

変更の必要性が極めて高く、代償措置を手厚くしている場合には不利益の程度が相対的に高くとも合理性が認められる場合も出てくるであろうし、その逆もまたしかりである。よって、賃金の減額幅において何％を超える減額は認められないといった画一的な基準があるわけではない。

もっとも、例えば、**大阪京阪タクシー事件**（大阪地裁　平22. 2. 3判

決　労判1014号47ページ）では、「ある月の月給にして改定前賃金体系に
よる算定に比して20％を超える大幅な減額となる者もあったところ、同
程度を超える減額は乗務員の基本的な権利である賃金を減額するもので
あるとともに労基法が定める減給の制裁額（就業規則による減給の制裁
を一賃金支払期における賃金の総額の10分の１の範囲に制限しているこ
と）（同法91条）を踏まえると、被告の倒産回避のため、乗務員の賃金総
額の減少をすべき必要性の高さや被告が採用した代償措置を考慮しても、
もはや、合理性が認められるということはできない」として、20％以上
減額する限度では合理性が認められないということで数値によって線引
きをした特殊な例も存する。

　近時の下級審裁判例を概観してみると、変更の合理性を肯定した事案
として、基本給を280分の260（約7.2％）に減額した事案（**九州運送事
件**　大分地裁　平13.10.１判決　労判837号76ページ）、全体賃金を約９％
減額した事案（**新富自動車事件**　富山地裁　平15.１.16判決　労判849号
121ページ）、人事制度の刷新により新たに専任職とされた者に5.6〜7.9％
の減額が生じた事案（**第三銀行［複線型コース別制度］事件**　津地裁
平16.10.28判決　労判883号５ページ）、倒産の危険から退職金を約50％減
額した事案（**中谷倉庫事件**　大阪地裁　平19.４.19判決　労判948号50
ページ）などがある。

　他方で、変更の合理性を否定した事案として、賃金制度の改革により
月額賃金が15％減額となる事案（**キョーイクソフト事件**　東京高裁　平
15.４.24判決　労判851号48ページ）、賃金体系の変更により年間30％以上
の減額となる事案（**クリスタル観光バス［賃金減額］事件**　大阪高裁
平19.１.19判決　労判937号135ページ）、賃金規程の変更により約４分の
１の賃金減額が生じた事案（**東武スポーツ［宮の森カントリー倶楽部・
労働条件変更］事件**　最高裁一小　平21.７.２決定　労判981号194ペー
ジ）などがある。

　そのほか、**杉本石油ガス事件**（東京地裁　平14.７.31決定　労判835号

25ページ：賃金の約25％相当減額・合理性否定）、**全日本検数協会（賃金減額）事件**（神戸地裁　平14. 8.23判決　労判836号65ページ：基準内賃金50％減額・合理性否定）、**ノイズ研究所事件**（東京高裁　平18. 6.22判決　労判920号 5 ページ：基本給20％程度減額・合理性肯定）など多数ある。

　これらはその余の事情が強く影響した事案も多く、賃金減額の不利益の度合いのみを考慮した結果でないことに十分に留意すべきであるが、前掲大阪京阪タクシー事件が、労働基準法が定める減給の制裁額に言及していることをも合わせて考えると、広い意味での目安としておおむね10％程度の賃金減額幅を超えると不利益の程度があまりに大きく、変更の合理性が否定されやすいと考えておくことがよいように思われる。したがって、画一的な基準はないが、減額幅を10％程度に止める変更内容を意識することが望ましい。もっとも、10％未満であれば容易に変更の合理性が認められるというものでは決してないので留意を要する。

Q 4
賃金カットに対して労働者の個別同意を取り付ける場合、どのような方法をとるべきか

A　具体的にどの程度の不利益を被ることになるかを個々の労働者が明確に理解できるように情報提供を行った上で、協議を丁寧に行い、また、意思決定のための時間的な猶予を与えた後に、書面による確定的意思の確認を行うといった方法が望ましい

1. 賃金カットの同意（合意）の類型
　一口に「賃金」カットといっても、その対象が労働者に支給される賃

金総額からの５％カットであったり、基本給部分あるいは諸手当（通勤手当、家族手当、住宅手当、精皆勤手当、役付手当等）の一部の10％カットであったりとその内容はさまざまである。

　こうした「賃金」カットに当たっては、まず、対象とする賃金の額の根拠がどこにあるかを確認する必要がある。基本給などは就業規則あるいは賃金規程に根拠づけられておらず、個別契約において定められていることも多く、他方で、諸手当は賃金規程において支給要件や支給率、支給額が定められていることが多い。

　こうした賃金カットに対して労働者の個別同意を取り付ける場合としては、次の二つのケースがある。

①個々の労働契約について変更することに同意するケース
②変更した賃金規程を適用することに同意するケース

　②は若干混乱しがちであるが、就業規則の変更による労働条件の不利益変更が行われた場合に、それに同意する労働者について労働契約法９条が、反対する労働者について同法10条が適用されることとなる[図表４－３]。有効に同意をした労働者は、変更の合理性の有無にかかわらず（仮に反対する労働者との関係で変更の合理性が否定されたとしても）、変更後の就業規則が労働契約の内容を規律することとなり（**熊本信用金庫事件**　熊本地裁　平26. 1.24判決　労判1092号62ページ、**イセキ開発工機［賃金減額］事件**　東京地裁　平15.12.12判決　労判869号35ページ）、当該同意が有効なものと認定できない場合、同意をしていない労働者と同様に同法10条の規律によることとなる。

2. 同意取り付けの方法

　「賃金の減額という重大な内容の合意が成立したのであれば、その旨を書面化するなどして明らかにしておくことが当然であるというべきである」と指摘する裁判例（**シー・エー・ピー事件**　東京地裁　平26. 1.31判

図表4-3 労働者の合意と変更の可否

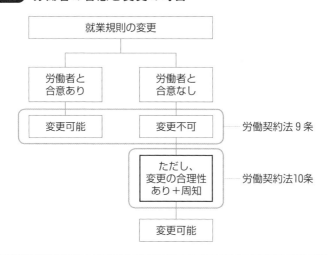

労働契約法 8 条
労働者及び使用者は、その合意により、労働契約の内容である労働条件を変更することができる。

労働契約法 9 条
使用者は、労働者と合意することなく、就業規則を変更することにより、労働者の不利益に労働契約の内容である労働条件を変更することはできない。ただし、次条の場合は、この限りでない。

労働契約法10条
使用者が就業規則の変更により労働条件を変更する場合において、変更後の就業規則を労働者に周知させ、かつ、就業規則の変更が、労働者の受ける不利益の程度、労働条件の変更の必要性、変更後の就業規則の内容の相当性、労働組合等との交渉の状況その他の就業規則の変更に係る事情に照らして合理的なものであるときは、労働契約の内容である労働条件は、当該変更後の就業規則に定めるところによるものとする。ただし、労働契約において、労働者及び使用者が就業規則の変更によっては変更されない労働条件として合意していた部分については、第12条に該当する場合を除き、この限りでない。

決 労判1100号92ページ）も存するところであり、同意を取り付けるに際しては、書面化することは実務上必須と考えるべきである。

　では、書面化しておけば足るかといえば、そうではない。労使の力関係に照らせば、労働者は、賃金という重要な労働条件を自らの不利益に変更する場合でも、使用者から求められれば、その変更に同意する旨の

書面に署名押印せざるを得なくなる状況に置かれることも少なくないため、外形的には合意が得られたといえる場面があったとしても、当該合意の認定は慎重になされる。これは、前記①②のいずれの同意取り付けのケースであっても妥当するものであり、結局のところ、「当該変更を受け入れる旨の労働者の行為の有無だけでなく、当該変更により労働者にもたらされる不利益の内容及び程度、労働者により当該行為がされるに至った経緯及びその態様、当該行為に先立つ労働者への情報提供又は説明の内容等に照らして、当該行為が労働者の自由な意思に基づいてされたものと認めるに足りる合理的な理由が客観的に存在するか否か」（**山梨県民信用組合事件**　最高裁二小　平28. 2.19判決　民集70巻2号123ページ）という観点による判定を受けるものと理解しておく必要がある。

　このため、賃金カットに対して労働者の同意を得るためには、書面によって具体的にどの程度の不利益を被ることになるかを明確に理解できる形で情報提供を行い、一方的な決定事項として強制することなく協議を丁寧に行うことが重要である。また、意思決定のための時間的猶予を設けた上で、書面による確定的意思の確認を行うといったことも重要となる。性急に進め、口頭のみで賃金カットを説明し、当日中に書面に署名させるといった方法であると、たとえ同意を書面で得ていても、後日、当該同意は無効と判断されるリスクは高いことを理解しておく必要がある。

Q 5

労働条件の不利益変更に際して、「同意しない旨の意思表示がなければ、同意したものとみなす」ことは可能か

A 可能であるが、単に労働者が異議を述べなかったということだけでは有効な同意があったと認められないリスクが高く、適切な情報提供を行った上で、書面等によって積極的な意思表示を確認する方法によることが望ましい

1. 労働者の同意（合意）による労働条件の不利益変更

　合意原則により、労使の合意によって、労働契約の内容である労働条件は変更でき（労働契約法8条、9条）、不利益変更となる場合でも同様である。法令上は、書面性要件もなく、口頭の同意でも黙示の同意でも法律上の効果は認められ得る。したがって、「同意しない旨の意思表示がなければ、同意したものとみなす」という告知をし、一定期間経過後に当該意思表示がなかったことをもって黙示の同意があったと取り扱うことも可能であるといえる。

2. 同意の有効性

　もっとも、労働者は、労働契約の性質上当然に使用者に使用されて、その指揮命令に服すべき立場に置かれている上、自らの意思決定の基礎となる情報を収集する能力にも限界があり、賃金や退職金といった重要な労働条件を自らの不利益に変更する場合でも、使用者から求められれば、その変更に同意する旨の書面に署名押印をするなどの行為をせざるを得なくなる状況に置かれることも少なくない。そのため、合意による

労働条件の不利益変更の場合、外形的に合意があったと見えても、これにより直ちに合意があったと認められない可能性があることに留意する必要がある。とりわけ、就業規則に定められた賃金や退職金に関する労働条件の変更に対する労働者の同意の有無については、「当該変更を受け入れる旨の労働者の行為の有無だけでなく、当該変更により労働者にもたらされる不利益の内容及び程度、労働者により当該行為がされるに至った経緯及びその態様、当該行為に先立つ労働者への情報提供又は説明の内容等に照らして、当該行為が労働者の自由な意思に基づいてされたものと認めるに足りる合理的な理由が客観的に存在するか否かという観点からも、判断されるべき」とするのが最高裁の判示（前掲山梨県民信用組合事件）であり、重要な労働条件の変更に関しては特に意識する必要がある。

　また、黙示の合意の認定は、上記のような労使間の交渉力格差を踏まえた労使対等決定の原則（労働基準法2条、労働契約法1条、3条1項）が要請される労働契約においては妥当でないと指摘されており、その認定は、明示の合意に匹敵するような意思の合致を明確に認定できる特段の事情がある場合等に限定すべきとされている。裁判例（**更生会社三井埠頭事件**　東京高裁　平12.12.27判決　労判809号82ページ）でも、就業規則に基づかない賃金の減額・控除に対する労働者の承諾の意思表示は、賃金債権の放棄と同視すべきものであることに照らし、それが労働者の自由な意思に基づいてされたものであると認めるに足りる合理的な理由が客観的に存在するときに限り、有効であるとされている。

　以上のような規律に照らせば、「同意しない旨の意思表示がなければ、同意したものとみなす」という告知を行い、単に労働者が異議を述べなかったということでは有効な同意があったと認められないというリスクが高い。明確な反対意見が見られず、減額された賃金を黙って受け取っていることをもって黙示の同意があったと整理することも同様にリスクが高いと認識しなければならない。情報提供や協議を尽くし、意思決定

のための時間を設けた上で、書面によって確定的意思の確認を行うなど、手続きを丁寧かつ慎重に履践することが求められる。

Q6
諸手当等の支給要件や支給率、支給額の変更は許されるか

A 許されるが、労働者の自由な意思に基づいてされたものと認めるに足りる合理的な理由が客観的に存在する同意があること、または従前の労働条件を変更する就業規則（賃金規程を含む）を労働者に周知し、かつ、その労働条件変更が合理的なものであること（労働契約法10条）のいずれかを要する

1. 諸手当

基本給以外に各種の諸手当（通勤手当、家族手当、住宅手当、精皆勤手当、役付手当等）を支給する企業は多い。基本給だけでは職務内容を十分に反映した賃金とならないことから、手当で配慮しようという位置づけの補完的な手当や労働者の能力向上を目指して資格取得を促進する資格手当、単身赴任に伴う生活上の困難さを補償する単身赴任手当など、長年の労使交渉を踏まえ、さまざまな複合的な趣旨・目的によって導入・構成されてきたものである。

諸手当は、就業規則の一部である賃金規程等に定められることが多く、賃金規程において、その支給要件や支給率、支給額を定めて周知させている場合、その内容は労働条件となる（労働契約法7条本文。契約内容補充効）。中小企業などでは、就業規則・賃金規程等に定めのない手当が存することも珍しくなく、また、規程内容と支給実態に齟齬がある例も

散見される。このように、諸手当については根拠が賃金規程であったり、あるいは個別の労働契約（個別合意）であったりすることもあれば、労使慣行として支給されているものもあり、さらには、規程等によらず使用者の裁量によって支給率や支給額が定まる手当もあったりする。

　いずれにせよ、これらも労働者の労働条件の中でも重要な「賃金」であることに相違なく、変更するに当たっては、厳格な規律に服することとなる。日帰り出張日当、外出時食事補助、時間外食事代、夜勤手当といった福利厚生的性質を有する手当を含めて、その廃止・変更には高度の必要性を要するとの考えも示されており（**日本ロール製造事件**　東京地裁　平14. 5.29判決　労判832号36ページ）、「変更の合理性」が認められるためには、基本給でなく、諸手当であっても決して容易ではない。

2. 諸手当の変更

　諸手当について、上記のとおり、その支給の要件や支給率、支給額の根拠はさまざまであるが、その変更（減額・廃止）については、以下の①②のいずれかを要することとなる（**グレースウィット事件**　東京地裁平29. 8.25判決　労判1210号77ページ等）。

①労働者の自由な意思に基づいてされたものと認めるに足りる合理的な理由が客観的に存在する同意があること
②従前の労働条件を変更する就業規則を労働者に周知し、かつ、その労働条件変更が合理的なものであること（労働契約法10条）

　まれに、使用者の裁量で恩恵的に支給している福利厚生的手当であるなどと主張して、一方的な支給要件の変更や減額・廃止をしてしまっている事案も目にするが、こうした手当も金銭的給付の実態および明確な支給基準が定められるものは「賃金」であり、上記の規律の適用を受けることはくれぐれも理解しておかなければならない。

　また、経営不振によって管理職手当あるいは職務手当等の一律〇％カッ

トを一定期間実行するとして、自主返納や株主総会決議での減額改定に
よる取締役等役員の報酬カットと同時期に、個々の労働者の同意も得ず
に断行するといった事案もあるが、一定期間に限定する時限的な措置で
あったとしても一方的な減額が認められる理由はなく、あくまで前記①
②のいずれかを満たさなければならないことを理解しておかなければな
らない（実務上、時限的な措置を講じる場合には、②就業規則の変更で
はなく、①個別の同意による場合が多いように思われる）。

Q7
子どもや障害を持つ家族等に対する手当の増額に伴い、配偶者手当を減額することは可能か

A 可能である。もっとも、賃金原資の総額を維持する形とし、
制度見直し前に手当が支給されていた者を対象として経過措置を講
ずるといったことのほか、労働者の理解・納得性を高めるための取
り組みを行うことが望ましい

1. 家族手当（配偶者手当）

　家族手当（配偶者がいる労働者に対して支給される手当をいい、企業
により「配偶者手当」「扶養手当」等名称はさまざまである）は、労働者
の生活費への配慮を効果的に行うための手当である。いわゆる「日本型
雇用システム」の下で、家事・育児に専念する妻と仕事に専念する夫と
いった夫婦間の性別役割分業が一般的であった高度経済成長期に日本的
雇用慣行と相まって定着してきた制度であり、主な支給対象者を男性正
規雇用者として想定してきたものといえる。

　昨今、パートタイム労働で働く配偶者の就業調整につながる配偶者手

当については、配偶者の働き方に中立的な制度となるよう見直しを進めることが望まれ（平28. 5. 9　基発0509第1）、各企業において、女性の社会進出、労働者のライフスタイルの多様化等を踏まえた処遇の公平性・納得性のある制度への見直しの一環として、家族手当を廃止・減額した上で、相当部分を基本給等に組み入れたり、あるいは、子どもや障害を持つ家族等に対する手当を創設・増額したりといったことが具体的に検討されている。

2. 家族手当（配偶者手当）の減額とその他労働条件の改善

　家族手当も諸手当の一つであって、「賃金」であることから、減額することによって生活に大きな影響を与え得る労働者にとって重要な労働条件の一つである。このため、家族手当の減額という不利益変更を有効に行うためには、労働契約法10条の「変更の合理性」が認められるように検討を進める必要がある。

　ここでは、家族手当の見直しの具体的な内容は、各企業の置かれている状況、方針、労使の話し合いの結果等によって多様であるが、特に、賃金原資の総額が維持されるよう賃金制度の見直しを行うことが望ましく、その上で、制度見直し前に手当が支給されていた者を対象として数年かけて段階的に減額するといった経過措置を適切に講ずることが重要なポイントとなる。

　さらに、制度設計・検討の段階から労働者のニーズを把握したり、労働者が参画する機会を設けたりする取り組みなど、賃金制度の見直し過程において、労働者間の納得性を高める取り組みを実施することが「変更の合理性」が認められるために有益であるのみならず、人事管理的な観点からも得策である。こうした観点からは、さらに、決定後の新制度についての労働者への丁寧な説明等も有用であり、導入前に労働者に対して、職場ごとの説明会の開催、経営トップのメッセージ配信、メールによる質問への回答等、丁寧な説明を行うこと、また、新制度導入後も

階層別の教育を継続して行って適正な運用に努めたり、意識調査や労働組合の職場集会での声を反映させて運用を行ったりすることにより、制度導入後も労働者の理解・納得性を高めるための取り組みを継続して行うことも検討に値する。

各所にこうした配慮を十分に行った上で、例えば子ども手当の支給に伴い、家族手当を減額するということであれば、「変更の合理性」が認められる確度は相当程度高くなり、有効に実施できるものと考えられる。対して、こうした配慮・検討を欠き、一方的に家族手当を減額し、子ども手当を支給するというだけでは、たとえ賃金原資の総額が維持されていたとしても直ちに「変更の合理性」が認められるものではないことに留意すべきである。

Q 8

正社員の手当カットの目的を「同一労働同一賃金の実現」とすることは、就業規則の変更による労働条件の不利益変更における「変更の合理性」の判断にどの程度影響するか

A 変更の必要性において考慮され得るが、「変更の合理性」の判断においては不利益の程度や変更後の就業規則の内容の相当性等が重要であり、大きくは影響しないものと考えられる

1. 同一労働同一賃金

「短時間・有期雇用労働者及び派遣労働者に対する不合理な待遇の禁止等に関する指針」(同一労働同一賃金ガイドライン、平30.12.28 厚労告430)において「短時間・有期雇用労働法及び労働者派遣法に基づく通常

の労働者と短時間・有期雇用労働者及び派遣労働者との間の不合理と認められる待遇の相違の解消等の目的に鑑みれば、事業主が通常の労働者と短時間・有期雇用労働者及び派遣労働者との間の不合理と認められる待遇の相違の解消等を行うに当たっては、基本的に、労使で合意することなく通常の労働者の待遇を引き下げることは、望ましい対応とはいえないことに留意すべきである」と指摘がされている。

　もっとも、同ガイドラインでも正社員の手当カットを禁止しているわけではない。パートタイム・有期雇用労働者の待遇改善による待遇の相違の解消が望ましいとはいえ、企業において、労働者に支払う賃金原資は有限であり、また、さまざまな雇用形態を維持する必要性も現に存することからすれば、正社員の手当カットによって待遇の相違を解消することも是認され得る。**九水運輸商事事件**（福岡高裁　平30. 9.20判決　労判1195号88ページ）では、正社員に１万円を支給していた通勤手当を、パート社員には半額の5000円を支給していたものについて、正社員の通勤手当を１万円から5000円に減額し、職能給を１万円増額するという改定を行い、通勤手当の待遇差の解消措置を講じている。当該改定について、職能給は社員の職務能力に応じ個別に決定する旨を定め、当該改定後に正社員に支給されている職能給と通勤手当とは別個の賃金といえるから、通勤手当の減額および職能給の増額が同時になされたことやその変動額が対応していることをもって直ちに職能給の一部が通勤手当に当たると認めることはできないとし、さらに、「労働契約法20条（筆者注：現行パートタイム・有期雇用労働法８条）は、労働条件の相違が不合理と評価されるか否かを問題とするものであり、その解消のために無期契約労働者の通勤手当が減額されたとしても、そのことが同条に違反すると解することもできない」と判示している。

2. 合理性判断への影響

　上記のとおり、同一労働同一賃金の実現を目的として正社員の手当を

カットすること自体は禁止されない。しかしながら、同目的があろうとも、就業規則の変更による労働条件の不利益変更において、「変更の合理性」が必要であることには変わりない。そして、賃金という重要な労働条件に不利益を及ぼすには、原則として、当該不利益を労働者に受忍させることを許容できるだけの高度の必要性に基づいた合理的な内容でなければならない（**みちのく銀行事件** 最高裁一小 平12. 9. 7判決 民集54巻7号2075ページ等）。もっとも、就業規則の変更を行わないと使用者の事業が存続できないという極めて高度の必要性が常に必要ということはできず、財政上の理由のみに限られるということもできないとされている（**国立大学法人京都大学事件** 大阪高裁 平28. 7.13判決 労経速2294号3ページ）。したがって、同一労働同一賃金の実現という事情も待遇差を残置すると違法状態が継続するために、コンプライアンスの観点からも許容できず、また、将来に損害賠償請求を受けるリスクがあることは変更の必要性において斟酌され得るが、やはりこの事情のみで変更の必要性が直ちに認められるわけではない。

　結局のところ、同一労働同一賃金を実現するために正社員の手当カットを実施しなければならない事情として、より具体的な検討を要し（非正社員の手当の創設・増額による方法がとれない財政的な理由等）、また、正社員の手当カットがあくまで非正社員への賃金の配分を改めることを主とし、賃金の総原資を減少させるものでないか、当該手当カットが特定の労働者層にのみ不利益を負わせるようなものでないかなど、変更後の就業規則の内容の相当性を確保するようなものとする必要がある。このため、結論として、同一労働同一賃金の実現という目的は、「変更の合理性」の判断に大きな影響は与えないものと言わざるを得ない。

Q 9

固定残業代制度を廃止することは不利益変更に当たる か。廃止の際の留意点は何か

A 不利益変更に当たる。当初より就業規則の変更による不利益
変更の規律（労働契約法10条）によることを目指すのではなく、ま
ずは十分な理解を求めた上で労働者の真摯(しんし)な同意（もしくは労働協
約の締結）を取得して、固定残業代制度の廃止を行うべきである

1. 不利益変更に該当するか

　企業によっては、営業職のように外回りを中心とした会社側が労働時
間を把握することが難しい労働者などに対して、実際の労働時間にかか
わらず一定の時間外労働時間（例えば、月20時間）を働いたものとみな
して賃金を支払うことがある（基本給に含めたり、別途の固定残業手当
として支給する場合がある）。このような固定残業代制度を設けて運用し
ている企業も相応に存在するが、例えばコロナ禍において営業不振や労
働時間の減少などにより固定残業代制度を廃止して、実際の残業時間に
対して、その分の残業代のみを支払う原則形態に戻すという要請がある
ことも考えられる。

　固定残業代制度においては、労働者側としては実際に残業をしなくて
も見合いの残業代（例えば月20時間分として3万円など）を受け取るこ
とができるという点でメリットがある。これを廃止するとなると、労働
者にとってはその分の賃金の減額、もしくはその可能性が生じるため、
賃金減額の不利益変更に該当することとなる。

2. 固定残業代制度を廃止する際の留意点

　固定残業代制度の廃止は、労働者の基本給等の減額という賃金減額を伴うことから、これを就業規則で行うには、高度の必要性を要し変更のハードルが高い。したがって、使用者は、固定残業代制度廃止の必要性として財務状況が逼迫していることや実労働時間と固定残業代制度によりみなされている時間外労働時間との乖離が著しいことなどを客観的に基礎づける必要があるとともに、固定残業代の減額幅や減額対象者が限定的ではないかという点に配慮すること、さらには段階的減額の可否などの経過措置をも検討することを要する。

　もっとも、使用者として現実的な対応は、就業規則による変更の合理性が認められるハードルが高いことから、当初より就業規則の変更による不利益変更の規律（労働契約法10条）によることを目指すのではなく、まずは労働者の真摯な同意（もしくは労働協約の締結）を取得して、固定残業代制度の導入・廃止を行うべきといえる（個別同意の取得状況を踏まえ、就業規則による変更の方法を検討することとなる）。この労働者の真摯な同意を取得するためには、それが労働者の自由な意思に基づいてされたものと認めるに足りる合理的な理由が客観的に存在するものでなければならない（ビーダッシュ事件　東京地裁　平30.5.30判決　労経速2360号21ページ）。

　したがって、固定残業代制度の廃止の同意取得に当たって、労働者に同意書を配布して署名捺印を取得すれば問題ないということでは決してない（**Q 4** も参照）。また、制度変更を告知した後に労働者から特段の異議がないことで総じて同意とみなす対応も実務上散見されるが、必ずしも適切ではない（**Q 5** も参照）。労働者に対する大ざっぱな説明で廃止を実施することでは、固定残業代制度の廃止が有効に行えておらず、結局、後に労働者からその分の残業代請求を受けるリスクをはらむこととなる。

　具体的には、社会保険労務士や弁護士といった専門家を交えて労働者への説明会を実施したり、個別面談を複数回行うこと、説明文書・固定

残業代制度廃止後の就業規則などを用意して説明を行うこと、異議を述べる機会を設けることといった方策が検討されるべきである。このような対応を行った上で賃金制度変更の必要性や労働者にもたらされる不利益の内容をも踏まえて正確に理解を求め、同意書を取得することで労働者から同意を得るということが特に重要となる。

Q10
福利厚生に当たる祝金等でも、減額・廃止は不利益変更に当たるか

A 福利厚生に分類されるものであっても、支給基準や利用基準が明確に定められ、制度化されたものは、労働条件（祝金であれば賃金）と解釈される可能性が高く、この減額や廃止は、労働条件の不利益変更に当たる

　福利厚生とは、会社や事業主が経営上の必要性に応じて、主に労働者を対象に、経済生活や心身の安定を維持するために行う労務管理上の施策で、両者に利益をもたらす制度と広く定義できるが、その施策内容は企業によってさまざまである。①生活資金、教育資金その他労働者の福祉の増進のために行われる資金の貸し付け、②労働者の福祉の増進のために定期的に行われる金銭の給付、③労働者の資産形成のための金銭の給付、④住宅の貸与のほか、余暇施設（運動施設、保養所）や文化・体育・レクリエーション活動支援といったものや、自己啓発・能力開発関連として、公的資格取得や通信教育等の支援、さらにはリフレッシュ休暇といったものがある。まず、こうした多種多様な内容が想定される福利厚生がそもそも「労働条件」に該当するかどうかという点がある。

　この点、就業規則に明示的に制度化されたものについては、合理的な内容を定めることによって労働契約の内容とされる（労働契約法7条）。また、祝金について、行政通達があり、「結婚祝金、死亡弔慰金、災害見舞金等の恩恵的給付は原則として賃金とみなさないこと。但し、結婚手当等であって労働協約、就業規則、労働契約等によって予め支給条件の明確なものはこの限りでないこと」（昭22. 9.13　発基17）とされており、福利厚生的な祝金であって、就業規則その他によって支給要件が明確なものは「賃金」として労働条件となる。

　なお、別の行政通達上でも、支給基準が明確に定められた昼食料補助、居残弁当料、早出弁当料は労働基準法11条の賃金であるとの解釈を示しており（昭26.12.27　基収6126）、実際に、例えば、企業としては福利厚生として扱っていた「食事補助」についての裁判例を見ると、時間外労働をした場合に500円相当の食事または現金を支給していたところ、その支給基準は明確であることから、労働基準法11条の「賃金」に該当すると解されている（前掲日本ロール製造事件）。このため、こうした補助費が福利厚生に当たるとしても、賃金として労働条件に該当することになる。

　他方で、ワンマン社長が恩恵的に支給していて、その支給要件等がどこにも定まっていない慶弔祝金といった類いになると、それが労使慣行化していない限り「労働条件」と考えることは難しく、労働条件でない以上、その変更や廃止が労働条件の不利益変更には該当しないということになる。もっとも、こうした福利厚生であるとしても、労働者側からすれば一方的に不利に変更されたり、廃止されたりすれば過去との連続性・公平性といった面で不平不満が生じ得るものであり、モチベーション低下にもつながり得るため、慎重に検討すべき事項には相違ない。

　このように、福利厚生に分類されるものであっても、手当や祝金などの支給基準が明確に定められて制度化されたものは、賃金として労働条件と解釈され、この減額や廃止は、賃金の労働条件の不利益変更に当たる。

本書で何度も述べるとおり、賃金の不利益変更となると、労働者に対する不利益の度合いが強くなるため、その変更の必要性や代償措置などが慎重に検討されるべきであり、レクリエーション施設の利用といった福利厚生の変更とは合理性判断のハードルは異なることとなる。

Q11
評価ランクによって減額が生じる成果主義型の賃金制度を導入する際の留意点は何か

A 賃金の総原資を減少させず、人事評価における使用者の裁量権の逸脱、濫用を防止する一定の制度的な担保を付与し、平等性の確保された制度内容として設計した上で、不利益を受ける特定層に経過措置を講じるといったことに留意すべきである

1. 賃金原資総額

競争激化の経営状況の中で労働者の活力を引き出し、業務へのインセンティブを向上させるために、従前の年功序列型の賃金制度から、労働者の能力や業績に応じた成果主義型の賃金制度への移行を図る企業は多い。年功賃金を成果主義賃金に変更する場合、人事評価の結果、賃金が減額される可能性が生じるため、労働条件の不利益変更に該当する。

こうした成果主義型の賃金制度を導入するに当たっては、賃金の原資総額が減少する場合と、原資総額は減少せず個々の労働者の賃金の増額と減額が人事評価の結果として生ずる場合とでは、就業規則変更の合理性の判断枠組みを異にするべきとされており（**トライグループ事件　東京地裁　平30. 2.22判決　労経速2349号24ページ**）、前者では「変更の合理性」は認められにくいこともあり、成果主義型の賃金制度導入時はあ

くまで賃金の配分を合理的に改めることを主として、賃金の総原資を減少させないことが、当該賃金制度導入を有効に行うための重要なポイントの一つである。

　総原資は減少しない成果主義型の賃金制度の導入である限り、その変更の必要性については、「経営上の必要性に合致する」というもので足り、賃金減額のような高度の変更の必要性は要求されていないと考えられる（**滋賀ウチダ事件　大津地裁　平18.10.13判決　労判923号89ページ等**）。

2. 制度内容の相当性

　次に、「変更の合理性」が認められるために重要なことはその内容であり、相当性が認められるものでなければならない。賃金の総原資を減少させずに、年功序列型の賃金制度から成果主義型の賃金制度へと変更する場合、賃金を高年齢層から若年齢層に再配分するという形につながりやすく、こうした場合、不利益を被る特定層（高年齢層）への配慮も必要となる。高年齢層にのみ不利益を強いるものとなっていると、各労働者に昇格、昇給の平等な機会が付与されていないとして、相当性を欠くと判断されることになり得る。

　ここでは、まず、給与等級や業務内容等が共通する労働者の間で人事評価の基準や評価の結果に基づく昇給、昇格、降給および降格の結果についての平等性が確保されているか否か、評価の主体、評価の方法および評価の基準、評価の開示等について、人事評価における使用者の裁量権の逸脱、濫用を防止する一定の制度的な担保がされているか否かなどの事情を検討して制度内容を丁寧に検討し、設計すべきこととなる。

　人事評価における使用者の裁量権の逸脱、濫用を防止する一定の制度的な担保としては、人事考課規程として評価項目や評価者、評価基準、異議申立手続きなどをあらかじめ定めることが考えられ、その評価結果が被評価者へフィードバックされる制度とすることなども重要である。

　不利益を被る特定層（高年齢層）への配慮としては、経過措置・代償

措置といった不利益緩和措置を講じることが現実的な方策として考えられる。高年齢層のみ従来の年功序列型の賃金制度を残置することでは所期の目的を達せられず、若年齢層からも当然に反発はあり得るし、かといって、高年齢層がこれまで成果・実績に見合わない高給取りとなっていたとしても突然の大幅な賃金減額という不利益を与えることは許容されにくい。このため、賃金制度変更は全労働者に対して適用しつつ、制度変更の1年目は差額に相当する調整手当を100％、2年目は80％、3年目は50％、4年目は30％、5年目は0という経過措置を講じることがあり得る。このとき、一律80％、50％、30％という硬直的な調整率にこだわらず、個々の労働者に生じる差額の大きさ（不利益の大きさ）に応じて、柔軟な設計を検討し、特に顕著な不利益を受ける労働者についてはさらに特別な緩和措置を講じるなど、できる限り実情に応じて可能な範囲で手厚いものとすることが望ましい。

Q12
60歳から65歳へ定年を延長する場合、60歳以降の賃金の減額は不利益変更になるか

A 不利益変更にはならず、高年齢者の雇用の確保と促進という高年齢者雇用安定法の目的に反するものとならない限り、一定程度の減額は必要最小限の合理性を有するものとして許容される

1. 定年制

定年制とは、労働者が一定の年齢に達したときに労働契約が終了する制度であり、「企業の組織および運営の適正化のために行なわれるもの」として、裁判例上もその合理性が肯定され、わが国企業において広く採

用されている。労働者が所定の年齢に達したことを理由として自動的に
または解雇の意思表示によってその地位を失わせる制度であって、就業
規則または労働協約に定められたものをいい、単なる慣行として、一定
年齢における定年が定着している場合などは含まれず、いわゆる「選択
定年制」のように早期の退職を優遇する制度における当該早期の退職年
齢はここでいう定年ではない。また、労働者が一定の年齢に達したとき
に部長職、課長職といった役職を解く役職定年制度もあるが、定年制と
は異なり役職定年に至った場合でも雇用契約は存続する点で異なる（通
常、給与の支給項目や金額は変更されることが想定されている）。

　かつては、55歳定年制が主流であったが、昭和61年の高年齢者雇用安
定法施行によって、60歳定年制が努力義務化されたことを受け、55歳定
年から60歳定年への移行が増加し、平成6年に60歳定年が義務化された
ことで定年に関する強行的な基準とされ、平成16年および平成24年の改
正によって、65歳までの雇用確保措置が義務づけられたことで、65歳ま
での定年延長も一定程度促進された。さらに、令和2年改正によって、
65歳から70歳までの就業機会を確保するため、70歳までの定年引き上げ
や定年制の廃止といった高年齢者就業確保措置を講ずる努力義務が新た
に定められ、定年延長が検討課題となっている。

　なお、定年制は、労働基準法89条3号の「退職に関する事項」に該当
するため、定年の引き上げ・延長を行う場合には、就業規則を変更し、
所轄の労働基準監督署長に届け出る必要がある。

2. 既存の定年以降の労働条件の引き下げ

　既存の定年年齢を引き上げる場合であって、従前の定年までの労働条
件は変更せず、それ以降の労働条件を既存の定年までのものよりも減額
したものとして定めるという場合は多いが、この場合、従前の定年まで
の労働条件は不利益に変更されておらず、定年を引き上げた以降の労働
条件は新設したものとみることができ、不利益変更とならない（**協和出**

版販売事件　東京高裁　平19.10.30判決　労判963号54ページ）。

　したがって、「変更の合理性」が要求される労働契約法10条の問題ではなく、同法7条の（類推）適用場面として、同条の合理性審査が及び、かつ、それで足りることとなる。そして、ここでの「合理性」は、「変更の合理性」が求められる就業規則変更の場合と比較して、一般に広く認められることとなり、企業の人事管理上の必要性があり、労働者の権利・利益を不相当に制限していなければ肯定されるべきものとされる（菅野和夫『労働法　第12版』［弘文堂］207ページ）。

　このため、延長された既存の定年以降の労働条件を既存の定年までのものよりも減額して定める場合であっても、当該延長された定年までの間の賃金等の労働条件が、具体的状況に照らして極めて苛酷なもので労働者に高年齢者雇用安定法の定める定年まで勤務する意思を削がせ、現実には多数の者が退職する等、高年齢者の雇用の確保と促進という同法の目的に反するものとならない限り、一定程度の減額は必要最小限の合理性を有するものとして許容され、労働契約法7条の（類推）適用により、有効な労働条件となると考えられる。

Q13

1日当たりの所定労働時間が増加・減少する場合、時給換算で減額がなければ不利益変更にならないか

A　時給換算での減額がなくとも所定労働時間の増加の場合には「労働時間」の不利益変更となり、所定労働時間の減少の場合でも支給総額における減額が生じれば「賃金」の不利益変更となるため、その合理性を検討する必要がある

1. 所定労働時間の増加は不利益変更か

　労働時間は賃金と同様に重要な労働条件であり、労働時間のみを延ばすということは、労働者にとって労働時間の増加とともに拘束時間が延び、時給換算での給与の減額を招くという不利益が生じる。したがって、その変更には高度な必要性を要することになる。つまり、所定労働時間を増加させることは、原則として「労働時間」や「賃金」の不利益変更となる。

　この点、仮に時給換算での減額を生じさせない場合には、（休日を増やすなどして総労働時間を調整せずに）１日の所定労働時間が増加することによって労働者に支給される賃金総額は増額されることとなる。しかし、このような事情によって１日の所定労働時間の増加が不利益変更にならないというわけではなく、あくまで「労働時間」の不利益変更における合理性判断の正当化事情の一つとして賃金の維持・増額が考慮されることとなる。増加する時間分に相当する賃金が支払われるという事情は合理性を肯定する事情となるし、これまで当該企業において所定労働時間を超えて恒常的に業務を行っているという実態があれば、労働者の受ける不利益の程度は軽微であり、その合理性が肯定される可能性は高まるといえる。

2. １日の所定労働時間の減少は不利益変更か

　他方で、所定労働時間を減少させる場合はどうか。例えば１日の所定労働時間を８時間から７時間に短縮する場合、これは労働者にとって労働時間や拘束時間が減るため有利である。したがって、それだけでは不利益変更の問題とならない。労働者の健康と生活に係る多様な事情を踏まえつつ、所定労働時間の短縮を図ろうとすることは使用者として望ましい在り方であると思われるところ、所定労働時間の短縮のみを実施し、賃金等その他の処遇において不利益が生じない場合には、労働条件の不利益変更の問題とはならない。

しかし、所定労働時間の短縮に伴い賃金が減額される場合には、「賃金減額」の不利益変更となるため留意が必要である。時給換算での賃金減額が生じない場合に不利益が生じていないようにも思われるが、所定労働時間の短縮により支給総額そのものは減額されてしまうこととなるため、労働者にとって賃金減額という不利益が生じる。したがって、この場合でも労働条件の不利益変更に該当する。昨今のコロナ禍の状況において、人件費を従来どおり維持することも困難であり、所定労働時間を短縮し、営業時間を当面短縮しようとする場合には、このように給与支給額の減額を模索することが想定される。この場合、所定労働時間の短縮という事情は、原則賃金減額の合理性判断の一つの正当化事情になり得るが（8時間から4時間といった極端な所定労働時間の短縮は、賃金減額幅が大きくなり、かえって不利益な事情と評価される場合もあろう）、賃金減額の不利益変更にかかる高いハードルを越えるためには、減額の高度の必要性など他の事情を総合的に判断する必要がある。

　もちろん所定労働時間を業務実態に即して30分程度短縮する必要があり、これに応じた賃金減額について、労使間で十分に協議をして納得を得ているといった事情が認められるのであれば、合理性が肯定される可能性は高いと考えられるが、上記のとおり、時給換算における給与維持で問題がない場合でも不利益変更に該当する点を看過しないようにしなければならない。

Q14
所定労働時間や所定休日を見直す場合、どのような点に留意すべきか

A 労働時間や休日が重要な労働条件であることを前提に、見直しによって、年間の総労働時間が減少もしくは大差がないものとなっているか、また、総労働時間が増加している場合に、これに伴い賃金を増加させるなど、労働者の不利益を解消する措置を講じているかという点に特に留意すべきである

1. 所定労働時間の見直し

　所定労働時間は、就業規則において、各労働日における、始業時刻から終業時刻までの時間と、この間の休憩時間を特定することによって定められる重要な労働条件の一つである（労働基準法89条1号）。したがって、統一的に所定労働時間の変更を行う場合には、就業規則や労働協約における労働条件の不利益変更を念頭に検討していく必要がある。

　労働時間は賃金と同様に重要な労働条件であり、労働時間を延ばすということは、労働者にとっての不利益が大きく、高度な必要性を要する。

　近時の裁判例を踏まえた実務上の留意点としては、労働時間の延長に当たって、休日や休暇を増やすなどして年間を通した総労働時間が減少しているか、もしくは大差がないものとなっているかという点を確認する必要がある。総労働時間が増加している場合には、これに伴い賃金を増加させることにより、実質的に労働者の賃金の減少を伴わない変更の態様をとるべきことになる。そのような措置をとらない場合には、労働者の労働時間が延びるだけではなく、労働者の所定労働時間当たりの賃金額や割増賃金の基礎賃金額も減少することとなってしまい、労働者へ

の不利益が大きくなり過ぎ、変更は容易ではない。

　なお、事業場間の所定労働時間が異なるため、一つの事業場の所定労働時間を延ばすことで、他の事業場の所定労働時間に合わせて公平を図るという場合、所定労働時間を延ばす事業場の労働者について不利益な変更となるが、他方で、単に「公平」ということではその必要性は高くない。他の事業場の所定労働時間を短くすることで公平を図ることもできるのであり、やはり他の事業場と合わせて休日を増やしたり、所定労働時間を段階的に合わせていくといった緩和措置を検討することを要する。

　所定労働時間の短縮に伴い賃金が減額する場合には、「賃金減額」の不利益変更に該当してしまうことに注意を要する（詳細は**Q13**を参照）。

2. 所定休日の見直し

　就業規則により恒久的に休日を減らす場合には、労働日が増加することから、何らの措置も講じないとすれば、休日の減少と労働時間の増加、そして実質的な賃金の減額となり、労働者にとって重大な不利益が生じるため、就業規則による変更には高度の必要性を要することとなる。

　前記1. と同様、年間を通した総労働時間が減少しているか、もしくは大差がないものとなっているかという点の確認を最低限要するため、休日を減らすとしても、所定労働時間を短縮することや、労働時間の増加に伴った賃金の増額といった措置を検討することになる。なお、これらの緩和措置を講じたとして総労働時間に大差がない状況であったとしても、所定労働時間を延長した上で休日を増加させた場合と比較すると、休日の減少という事実が残ってしまう。これは出勤日の増加であり、通勤の負担が生じ、労働から完全に解放される日の減少となるため、変更に当たっては、より慎重に代償措置の検討を要すると考えておくべきである。フェデラルエクスプレスコーポレーション事件（東京地裁　平24. 3.21判決　労判1051号71ページ）では、年間休日4日の減少で賃金減

額幅も約2％と大きいとはいえないものであったが、会社は休日の廃止に対する代償措置を何もとらず、労使間の協議が不十分であったことなども踏まえて、変更の合理性を否定していることから、代償措置や労使協議の対応を怠らないことはやはり重要である。

　最後に、休日を増加させる場合、それ自体は労働者にとって利益であるが、これに伴い賃金の減額が生じると賃金減額による不利益変更の合理性が認められるかの問題となることに留意が必要である。

Q15
就業規則の改定に関して労使で意見が食い違う場合どうすべきか

A　可能な限り、労働者への説明を丁寧に行い、真摯に協議に臨み、反対意見を解消することに努めるべきであるが、意見の食い違い解消のための方策を尽くしてもなお解消し得ない場合には、その他考慮要素の十分な手当てを行うことで就業規則の変更による労働条件の不利益変更は有効になし得る

1. 就業規則変更に際しての意見聴取

　就業規則は、多数の労働者を使用して効率的かつ合理的な事業経営を行い、労働条件を集合的・統一的に決定する必要性から作成されるものであり、事業場単位で常時10人以上の労働者を使用する使用者はその作成義務を負い、行政官庁に届け出なければならず、変更に際しても同様である（労働基準法89条）。作成・変更に際しては、当該事業場の労働者の過半数で組織する労働組合がある場合は労働組合（以下、過半数労働組合）、労働組合がない場合は労働者の過半数を代表する者（以下、過半

数代表者）からの意見聴取を要し（同法90条１項）、届け出には、就業規則に過半数労働組合または過半数代表者の意見を記した書面を添付しなければならない（同条２項）。

　もっとも、ここでの意見聴取について、過半数労働組合または過半数代表者の意見書の内容が「当該規則に全面的に反対するものであると、特定部分に関して反対するものであるとを問わず、又その反対事由の如何を問わず、その効力の発生についての他の要件を具備する限り、就業規則の効力には影響がない」（昭24. 3.28　基発373）とされ、労使間で協議決定することまでを要求されるものではなく、単に意見を聞けばよいというものである。

　したがって、就業規則変更について、労使で意見が食い違い、協議決定あるいは同意に至らなくとも、適法に変更し、届け出をなすことができる。

2.「変更の合理性」判断時の考慮要素

　もっとも、就業規則の変更による労働条件の不利益変更時に必要となる「変更の合理性」（労働契約法10条）の判断要素として、労働組合等との交渉の状況が挙げられる。不利益変更につき過半数労働組合との合意が得られれば変更の合理性が一応推測されるため（前掲第四銀行事件）、多くの労働者との合意が存在する状況であることは、合理性が認められる方向の事情として作用する。逆に労使の合意がなければ合理性が常に否定されるということではないものの（**函館信用金庫事件**　最高裁二小平12. 9.22判決　労判788号17ページ）、多数の労働者から否定意見が出され、あるいは労使の意見が大きく食い違っているという事情は「変更の合理性」を否定するものとして作用し得る。また、労働者の意向をないがしろにして、使用者が一方的に労働条件を変更することは不信感を抱かれ、労使関係が悪化し、有用な人材が離反するといった事態も招きかねない。

　このため、常にすべての労働者からの同意・賛成を得ることは実務上も困難であり、そこまでを求める必要はないものの、可能な限り、労働者への説明を丁寧に行い、真摯に協議に臨み、反対意見を解消することに努めるべきと理解する必要がある。このプロセスにおいて、労働者の意見を擦り合わせて労使間の溝を埋める努力を尽くし、多数派のみならず、とりわけ大きな不利益を受けることとなる少数派の意見や利益をも尊重した公正な手続きを講じることが重要である。意見の食い違いがあり、反対意見が根強く、賛成意見に転じる見込みが低い場合であっても、一方的、形式的な交渉にとどめるのではなく、真摯に意見に耳を傾けて、適当な経過措置あるいは代償措置を講じるなど、労働者の納得性を高める方策を尽くすことをおろそかにしたり、忘れたりしてはならない。

　以上の方策を尽くした上であれば、なおも残った反対意見があったとしても、「変更の合理性」の判断要素たる他の要素、特に①労働者の受ける不利益の程度、②労働条件の変更の必要性、③変更後の就業規則の内容の相当性について十分な検証を行うことで、就業規則の変更による労働条件の不利益変更を有効になすことができる場合はあり得る。

Q16
労働条件の不利益変更における経過措置・代償措置とはどのようなものか

A 労働条件の不利益変更の必要性と比較衡量される変更による不利益の程度を緩和するための措置であり、特に賃金等重要な労働条件の不利益変更時には、「変更の合理性」を肯定するための重要な一事情となる

1. 経過措置・代償措置の法的性質

　就業規則の変更による労働条件の不利益変更時に必要となる「変更の合理性」（労働契約法10条）の考慮要素のうち、「変更後の就業規則の内容の相当性」の一事情と位置づけられる経過措置・代償措置は、一方的な不利益を受ける労働者に配慮する不利益緩和措置であり、労働者の受ける不利益の程度を緩和し、労働条件の変更の必要性と均衡をとるための方策として、特に賃金等の重要な労働条件の変更時には、「変更の合理性」を基礎づける重要な一事情となる[図表4－4]。

2. 経過措置・代償措置の具体的内容

　不利益変更時、例えば、賃金や諸手当の減額に際して、急激に一気に減額を行うのではなく、段階的に、1年や2年かけて徐々にソフトランディングする形で行うといったものが経過措置の一つである。具体的には、労働条件の変更によって給与水準が下がる労働者に対して、移行1年目は旧給与との差額の100％を保障し、2年目は差額の50％を別途調整手当として支給したり、諸手当の廃止について5年間かけて段階的に減額したりといった内容の措置が考えられる。また、就業規則の変更後、

図表4－4　労働条件の不利益変更における経過措置・代償措置のイメージ

経過措置
制度等が改正される際に、新しい制度に移行するに当たって、不都合や不利益ができるだけ生じないように対応するための措置

代償措置
制度等の改正による損失や影響を回避、最小化、矯正、軽減あるいは埋め合わせするための措置

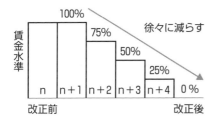

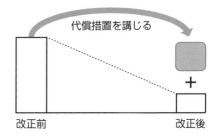

一定期間の猶予を与えるといったこともあり、国内あるいは海外赴任に伴う諸手当の減少あるいは廃止という変更に際して、事前に十分な周知を図り、1年後の赴任時より適用する、または、変更前に既に赴任していた労働者については適用しないといったことが考えられる。

　これに対し、代償措置としては、例えば、皆勤手当を廃止するという不利益変更時、出勤率を賞与査定時に反映するようにして出勤率が良好である労働者に対しては以前の賞与時に比して増額するような措置を講じるといったことや、家族手当や住宅手当を廃止し、基礎能力に応じて支給する手当を創設したり、基本給を引き上げたりするといったことが考えられる。直接の代償措置ではないものの、福利厚生制度の適用延長や拡充といった関連する労働条件の改善も不利益緩和のための代償措置として捉えることができる。

3. 経過措置・代償措置の考え方

　経過措置や代償措置という不利益緩和措置は、何か決まった基準・相場があるわけではなく、労働者に与える不利益に応じ、可能な範囲で手厚いものであることが望ましいといえる。少なくとも、賃金・諸手当や労働時間といった労働者にとって重要な労働条件の不利益変更を行う際には、その不利益の大きさを十分に検証し、検討を行い、可能な限り実施すべきである。

　もっとも、「変更の合理性」の判断は、変更の必要性と変更の内容（変更による不利益の程度、変更後の就業規則の内容の相当性）の比較衡量を基本とし、これに過半数労働組合または過半数代表者との交渉の経緯や変更の社会的相当性を加味して総合判断するというものであることから、とりわけ、不利益性が大きい場合には、高度の必要性が求められ、併せて相応の不利益緩和措置を講じる必要がある。反対に、不利益性が僅少である場合には必ずしも不利益緩和措置を講じなくとも、変更の必要性等その他の事情のみによって「変更の合理性」が肯定できる場合も

存するものであり、常に必要というものではない。

　当初の企業側の素案段階では特段の経過措置を講じていないような場合でも、労使協議の結果、生活の安定性を考慮してほしいという要望・意見が労働者側から出されたことに対し、一定期間の経過措置を講じることとする例もあり、状況に応じて柔軟に措置を講じて実施していくことが「変更の合理性」を肯定するためにも、また、円満な労使関係を構築・維持していく上でも重要であり、こうした観点も大切である。

Q17
就業規則の周知の方法・程度はどのようであるべきか

A 労働者が知ろうと思えば、いつでも就業規則の存在や内容を知り得るようにして（アクセスできるようにして）、当該アクセスの方法や場所についても丁寧に説明すべきである

1. 就業規則の周知

　使用者が、合理的な労働条件が定められている就業規則を労働者に「周知」させていた場合には、労働契約の内容はその就業規則に定める労働条件によることとなる（労働契約法7条本文、契約内容補充効）。また、就業規則の変更による労働条件変更について、「変更の合理性」および「変更後の就業規則の周知」の要件を満たした場合に、合意による労働条件変更の原則の例外として、労働条件の不利益変更が認められることになる（同法10条）。

　ここでの「周知」とは、事業所の見やすい場所へ掲示し、または備え付ける方法、もしくは、書面を労働者に交付する方法、あるいは、磁気テープ、磁気ディスクその他これらに準ずる物に記録し、かつ、各作業

場に労働者が当該記録の内容を常時確認できる機器を設置する方法（社内のイントラネットから自由にアクセスすることが可能な状態とするなど）によるもの（労働基準法施行規則52条の2）に限られず、労働者が実際に就業規則の存在や内容を知っているか否かにかかわらず、労働者が知ろうと思えばいつでも就業規則の存在や内容を知り得るようにすること（実質的周知）で足りる。労働者が実際にその内容を知っているか否かは問われない。

2. 就業規則変更の場面における周知の程度と方法

　一般的には、上記の労働基準法施行規則52条の2所定の方法がとられることになるが、そのほか、書庫に保管された就業規則につき労働者が希望すれば閲覧できるようになされているとか、労働者が自由に出入りできる経理室の机の上のボックスに「就業規則」というラベルつきで就業規則の写しを常置する、あるいは、部門長が保管するとともに事務室に備え付け、労働者の説明会でその旨説明していたということでも裁判例上、実質的周知が肯定されている。

　他方、全体朝礼で概略を説明しただけで賃金の決定・計算について説明文書の配布や説明会の開催などによって全労働者に具体的に説明する努力を払っていなかったというのでは、実質的周知は否定されている（**中部カラー事件**　東京高裁　平19.10.30判決　労判964号72ページ）。とりわけ、賃金制度の変更の場合には、その計算方法や額について具体的に説明することが求められており、周知における情報の理解、認識可能性が厳しく判断される傾向にあり、「変更後の就業規則の周知」は、就業規則の変更による労働条件変更の効力要件であることから、おろそかにしたり、忘れたりしてはならない。

　「周知」に際しては、労働者が知ろうと思えばいつでも就業規則の存在や内容を知り得るようにすることで足りるが、単に当該就業規則のアクセスを確保しているだけでなく、そのアクセスの方法や場所についても

丁寧に説明するなど、周知される情報の適切性・的確性も必要となる。従前から社内の就業規則その他社内規則が社内のイントラネットから自由にアクセス可能な状態に置かれていたとしても、変更に際し、変更後の就業規則が当該イントラネットに置かれていることをあらためて告知したり、新旧対照表を付した上で閲覧できる状態にしたりしておくといったことも有用であり、労働者の理解を深める方策を検討・実施することが望ましい。

Q18
長期にわたって実際に適用されている労働時間が就業規則の定めより短い場合、規則どおりに是正することは不利益変更となるか

A 実際の労働時間の運用が、長期間反復継続され、使用者側の規範としての明確な承認があるなど労使慣行として法的効力を有する場合には労働契約の内容となるため、これを是正することは不利益変更に当たる

　就業規則において定められる労働時間どおりの運用に是正することが労働条件の不利益変更に該当するかどうかは、長期にわたり運用されてきた労働時間の内容（いわゆる労使慣行）が、労働条件として労使間の合意事項とされているかどうかであり、より具体的にいえば、長期間にわたって繰り返し行われてきた労働時間の取り扱いに法的効力が生じているかどうかの問題として考えることができる。
　労使慣行が法的拘束力（事実たる慣習あるいは、当事者間の黙示の合意）を有するための要件は[図表4－5]のとおりである。特に、③の使

図表4-5 労使慣行の成立（再掲）

「労使慣行」が法的効力を持つには、以下①～③の実態があることが必要

> ①同種の行為・事実が一定の範囲で長期間にわたって反復継続し、
> ②労使双方がこれに明示的に異議を唱えず、
> ③特に使用者側（当該労働条件の決定権や裁量権を有する者）が、それに従うという規範意識（長年繰り返されてきた慣行を規則・準則として従う意識）に支えられている

単に、事実が積み重ねられているだけでは足りず、
当事者が「規範意識」を持っていることが必要

用者側の規範意識の有無が問題となり、権限を持たない現場の管理者が長年にわたり一定の取り扱いを認めていたにすぎない場合や、会社の過誤による取り扱いについては労使慣行としての法的拘束力を有しない。したがって、例えば事業場の一担当者が規定を誤解して長年規定と異なる取り扱いを行ったとしても、それでは労使慣行は法的効力を有しない（退職金規程にかかる約8年間の誤った取り扱いについて法的効力を否定したものとして、**日宣事件** 大阪地裁 平9.12.12判決 労経速1666号3ページ）。

就業規則等に抵触する労使慣行の成立については、「労働協約、就業規則等に矛盾抵触し、これによって定められた事項を改廃するのと同じ結果をもたらす労使慣行が事実たる慣習として成立するためには、その慣行が相当長期間、相当多数回にわたり広く反復継続し、かつ、右履行についての使用者の規範意識が明確であることが要求される」（**商大八戸ノ里ドライビングスクール事件** 大阪高裁 平5.6.25判決 労判679号32ページ）。同裁判例では、①会社が賃金体系に反する取り扱いをした端緒や理由が明らかではないこと、②会社が労働組合等との交渉をした際にも原則に従った提案をしたこと等手当に関する基本原則に反する取り扱いを許す意識を持っていなかったことが明らかであること、③会社が新たに赴任した部長が原則とは異なる取り扱いを知って直ちにこれを誤り

であるとして、以後就業規則等の定めどおりに戻すことにしたことなどの事情を挙げて慣行的な取り扱いの法的効力を否定した。

　以上を踏まえると、設問の場合においては、就業規則の規定と異なる取り扱いとなることから、使用者側の規範としての明確な承認があったかどうかが重要な要素となるが、さらに、就業規則への抵触の度合いや、当該労働時間の運用の慣行が形成されてきた経緯と見直しの経緯を踏まえ、当該慣行の反復継続性の程度（継続期間、時間的間隔、範囲、人数、回数・頻度）、定着の度合い、労使双方の対応等諸般の事情を総合的に考慮して労使慣行としての効力を検討、判断する必要がある。

　労使慣行が法的拘束力を有しない場合、使用者は、原則として、一方的に当該慣行を是正または破棄することが可能であると考えられるため、実際の労働時間の運用はあくまで事実上そのように運用されていたにとどまり、これを就業規則どおりに是正することは労働条件の不利益変更の問題ではなく、原則として可能ということになる。

　他方で、労使慣行が法的拘束力を持ち労働契約の内容となっている場合に、就業規則の新設あるいは変更によって労使慣行を改廃する際には、労働契約法の規律（9〜11条）に従って処理されるべきと解されている。**シオン学園事件**（東京高裁　平26. 2.26判決　労判1098号46ページ）では、同法10条の適用ないし類推適用を認め、使用者が労使慣行を一方的に変更する場合に、変更の合理性を要求し、就業規則改定の手続きを踏んでいないことを理由として労使慣行の変更を無効と判断している。

　設問のような事案の場合、労使慣行として法的拘束力を持ち労働契約の内容となっているか否かにより結論を異にするものであり、慎重に吟味する必要がある。

Q19

労働協約によって不利益変更を行うことは、どのような場合に可能か

A 協約の締結当事者である労働組合の組合員に対しては、特定のまたは一部の組合員を殊更不利益に取り扱うことを目的として締結されるなど、労働組合の目的を逸脱していない限り、労働協約による不利益変更も可能である。どの労働組合にも加入していない非組合員（未組織労働者）に対しては、労働協約を適用することが著しく不合理と認められる特段の事情がないことを要するが、事業場単位または地域単位の拡張適用制度（一般的拘束力）によって不利益変更を行うことが可能である

1. 規範的効力による不利益変更

労働協約（労働組合法14条）は、労働組合と使用者との団体交渉の成果として締結される集団的合意（協定）であり、労働条件の決定要因として法令に次ぐ高い地位が認められ、強行法規に反することはできないものの、有利不利を問わず就業規則に優越する効力が付与される（労働基準法92条、労働契約法13条）。

こうして、労働協約により定められた労働条件その他の労働者の待遇に関する基準に反する労働契約の部分は無効となり、無効となった部分は労働協約の内容が労働条件となる（規範的効力）。この労働協約の規範的効力は、原則として当該労働協約を締結した労働組合の組合員にのみ適用される。ただし、特定または一部の組合員を殊更不利益に取り扱うことを目的としているなど労働組合の目的を逸脱して労働協約が締結された場合には、労働協約の規範的効力が否定され得るが（**朝日火災海上**

保険［石堂・本訴］事件　最高裁一小　平9. 3.27判決　労判713号27ペー
ジ）、こうした事情がない限り、当該労働協約の締結当事者である労働組
合の組合員については、不利益であっても規範的効力が及ぶため、労働
条件の不利益変更は可能である。

2. 一般的拘束力による不利益変更

　労働協約の規範的効力は、原則として、いかなる労働組合にも加入して
いない非組合員（未組織労働者）には及ばないが、事業場単位または地域
単位の拡張適用制度（一般的拘束力）があり（労働組合法17条、18条）、
非組合員にも規範的効力が及ぶ場面がある。具体的には、「一の工場事業
場に常時使用される同種の労働者」の4分の3以上を占める労働組合が
あり、その労働組合との間で労働協約を締結した場合、当該労働協約は
所属組合員のみならず、非組合員に対しても規範的効力が及ぶこととな
り、上記同様、不利益変更となる場合でも適用がある[図表4－6]。

　もっとも、特定の非組合員にもたらされる不利益の程度・内容や、当
該労働者が労働組合の組合員資格を認められているかどうか、労働協約
締結の経緯等に照らして、非組合員に適用することが著しく不合理であ
る特段の事情がある場合には拡張適用されないし（**朝日火災海上保険［高**

図表4－6　**労働協約の一般的拘束力のイメージ**

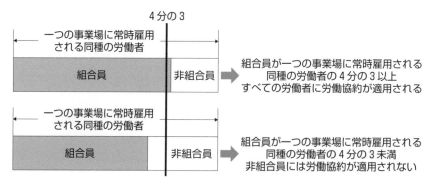

田] 事件　最高裁三小　平8. 3.26判決　民集50巻4号1008ページ）、少数
組合に加入している組合員に対して多数組合の一般的拘束力を及ぼすこ
とは消極に解されている（**大輝交通事件**　東京地裁　平7.10. 4判決　労
判680号34ページ等）。このため、たとえ、当該事業場の95％以上の労働
者が加入する労働組合との間で交渉妥結し、労働条件を変更する労働協
約を締結したとしても、それが、非組合員に適用が及ぶとすれば、当該
非組合員が極めて苛烈な打撃を被ることになるなどの事情があれば、一
般的拘束力は否定され得る。少数者・少数意見であるからといってない
がしろにしたり、不利益を集中させたりするようなことはあってはなら
ず、留意すべきである。

Q20
企業が合併した場合、労働契約関係や労使関係はどの
ように取り扱われるか

A　合併により当事会社の権利義務が包括的に承継されるため、
労働契約関係や労使関係もそのまま引き継がれることとなる。もっ
とも、同一会社内で労働条件の格差が生じることとなり、労働条件
の統一的画一的処理の要請から、格差を是正するために労働条件の
不利益変更がなされることも多い

1. 合併時の労働条件の変更の必要性

合併がなされると、当事会社の権利義務が包括的に承継されるため、
労働者の労働条件もそのまま引き継がれることとなり、同一会社内での
労働条件の相違が生じることとなる。

一般に、労働者の労働条件が異なる複数の会社が合併した場合、労働

条件の統一的画一的処理の要請から、もともと雇用している労働者と承継した労働者との間における労働条件の格差を是正し、単一の就業規則を作成、適用しなければならない必要性が高く、合併に際してその格差を是正しないまま放置するならば、合併後の人事管理等の面で著しい支障が生ずる。格差の生じた労働条件を有利に引き上げて統一するのであればよいが、ほとんどの場合、これは容易ではなく、一部ではあっても引き下げるなど不利益変更とならざるを得ない。

2. 不利益変更の方法

　合併は包括承継であり、個々の労働者の同意を要さずに雇用契約が移転するものであるが、賃金等重要な労働条件の引き下げを伴うことになる場合には、個別の同意を取得することが実務上もよく行われる。もっとも、ここでの同意について、当該変更を受け入れる旨の労働者の行為の有無だけでなく、当該変更により労働者にもたらされる不利益の内容および程度、労働者により当該行為がされるに至った経緯およびその態様、当該行為に先立つ労働者への情報提供または説明の内容等に照らして、当該行為が労働者の自由な意思に基づいてされたものと認めるに足りる合理的な理由が客観的に存在するか否かという観点からも判断されるべきもの（前掲山梨県民信用組合事件）とされていることに注意する必要がある。

　労働者は、労働契約の性質上当然に使用者に使用されて、その指揮命令に服すべき立場に置かれている上、自らの意思決定の基礎となる情報を収集する能力にも限界があり、賃金や退職金といった重要な労働条件を自らの不利益に変更する場合でも、使用者から求められれば、その変更に同意する旨の書面に署名押印をするなどの行為をせざるを得なくなる状況に置かれることも少なくない。そのため、外形的には合意が得られたといえる場面があったとしても、当該合意の認定は慎重になされる必要があり、当該書面の取得に至るまでのプロセスとして、情報提供や

協議を尽くしたことについても客観的な記録として残しておくことが重要である。

　また、個別の同意（合意）を得られない労働者が存する場合、就業規則の変更による労働条件の不利益変更によることになるが、合併に伴う場合であっても当然に労働契約法10条の適用があり、「変更の合理性」が認められなければならないことに変わりない。変更の必要性は前記のとおり肯定されるものの、不利益の程度が大きい場合、適切な経過措置・代償措置を講じて、不利益変更による打撃を緩和する措置を講じることは不可欠となる。

　なお、合併と同様に、包括承継となる会社分割の場合も上記と同様の取り扱いをすることとなる。他方で、株式譲渡や株式交換・株式移転による場合、（企業グループ間での格差はあるが）同一会社内での格差は生じないため、合併・会社分割と比較して、格差を是正しなければならない要請は低くなり得る。こうしたこともM＆A（合併・買収）時のスキーム選択の考慮要素となろう。

巻末資料：労働条件の変更に関わる主要裁判例一覧

言渡年月日	裁 判 所	事 件 名	概　　要
昭35. 7.14 判決	最高裁一小	小島撚糸事件	労働基準法所定の条件を充足していない違法な時間外労働・休日労働に対しても、使用者は割増賃金の支払い義務があり、その義務を履行しないときは割増賃金不払いの罪が成立するとした事例
昭43.12.25 判決	最高裁大法廷	秋北バス事件	就業規則の変更が合理的なものである限り、個々の労働者がこれに同意しないことを理由として拒否することは許されないとし、就業規則改定による停年制の採用を是認した事例
昭45. 2.16 判決	東京地裁	日放サービス事件	病気を理由とする解雇が、配置転換、休職の可能性があるにもかかわらずなされた点で無効とされた事例
昭45.10.23 判決	奈良地裁	フォセコ・ジャパン・リミティッド事件	会社の技術・営業上の秘密を知る従業員につき、雇用契約において退職後一定期間競業避止義務を負わせることは公序良俗に反しないとされた事例
昭48. 1.19 判決	最高裁二小	シンガー・ソーイング・メシーン事件	賃金に当たる退職金債権の放棄が労働者の自由な意思に基づくものとして有効とされた事例
昭56. 5.11 判決	最高裁二小	前田製菓事件	退任取締役として支給を受ける退職慰労金は、退職慰労金支給規定が存していても、定款または株主総会の決議によってその金額を定めなければならないとした事例
昭58. 2.24 判決	東京地裁	ソニー・ソニーマグネプロダクツ事件	褒賞休暇の無制限積み立てと買い取りを慣行的に行ってきた企業が就業規則を改訂して、これを制限したことが合理的で有効とされた事例
昭58.11.25 判決	最高裁二小	タケダシステム事件	有給生理休暇の縮小変更を無効とした高裁判決を破棄し高裁に差し戻した事例
昭61. 3.31 決定	大阪地裁	新日本技術コンサルタント事件	会社と組合間で作成された確認書の「配転、転勤、出向」に関する確認事項が「双方の主張を併記した単なる議事録」ではなく、労働協約であると解された事例
昭61. 7.14 判決	最高裁二小	東亜ペイント事件	転勤命令につき、労働者に対し通常甘受すべき程度を著しく超える不利益を負わせるものであるとき等、特段の事情の存する場合でない限りは権利の濫用にならないとした事例

言渡年月日	裁判所	事件名	概要
昭62. 2.26 判決	東京高裁	タケダシステム事件・差戻審	有給生理休暇における補償額を基本給の100%から68%に抑え、その取得制限日数を年24日から月2日に改める就業規則の不利益変更が有効とされた事例
昭63. 2.16 判決	最高裁三小	大曲市農業協同組合事件	七つの農業協同組合の合併に伴い退職給与規程を不利益に変更したことが合理性があるとして有効とされた事例
昭63. 2.24 判決	東京地裁	国鉄池袋電車区・蒲田電車区事件	勤務時間内の入浴が電車区長の承認の下に長期間反覆継続されてきたとしても、電車区長にその権限が付与されていないこと等から、就業規則に抵触する労使慣行が否認された事例
平元. 9. 7 判決	最高裁一小	香港上海銀行事件	退職金につき、少数組合の労働協約が失効している場合、多数組合の協約の効力が及ぶとした原判決は違法であるとした事例
平元.12.14 判決	最高裁一小	日本シェーリング事件	稼働率80%以上の者を賃上げする協定は労基法・労組法の権利の行使を抑制しない部分は有効で、すべて無効とした原判決を破棄した事例
平 2. 7.26 判決	大阪高裁	ゴールド・マリタイム事件	出向規程の新設は不利益変更ではあるが、合理的であり、労働者には出向義務が生じるとされた事例
平 2.10.15 判決	仙台地裁	更生会社日魯造船事件	更生計画遂行中の会社が、退職金規定を変更し、退職金を減額、15年間の分割払いとしたことにつき、合理性が認められ有効とされた事例
平 2.11.26 判決	最高裁二小	日新製鋼事件	使用者が労働者の同意の下に労働者の退職金債権等に対してした相殺が有効とされた事例
平 3.11.28 判決	最高裁一小	日立製作所武蔵工場事件	就業規則に所定時間外労働をさせることができる旨定めているときは、内容が合理的なものである限り、具体的労働契約の内容をなし、その定めに従い労働する義務を負うとした事例
平 5. 6.25 判決	大阪高裁	商大八戸ノ里ドライビングスクール事件	労使慣行が労働契約の内容となるには、長期間にわたって反復継続し、かつ、労働条件を決定する権限を有する管理者がこれに従うべきであるとの規範意識を有することを要するとした事例

言渡年月日	裁 判 所	事 件 名	概　　要
平 6.8.5 決定	大阪地裁	新関西通信システムズ事件	旧会社を解散し、営業を承継する新会社の設立をしたが、組合活動を行う従業員の排除意図があるとして、法人格の濫用を認め、従業員の解雇（新会社への不採用）を無効とした事例
平 6.9.14 判決	東京地裁	チェース・マンハッタン銀行（賃金切下げ）事件	業務悪化による合理化策としてなされた一方的賃金減額措置が無効とされた事例
平 6.11.15 判決	東京地裁	小暮釦製作所事件	具体的な賞与請求権は、就業規則等において具体的な支給額またはその算出基準がある場合を除き、特段の事情がない限り、賞与に関する労使合意によって初めて発生するとした事例
平 7.3.7 判決	東京地裁	三協事件	退職金規定の改訂には従業員の代表者との協議を経るべき義務を負わせる改訂条項がある場合、当該協議を経ずに退職金支給率を不利益に改訂してもその効力を有しないとした事例
平 7.4.13 決定	東京地裁	スカンジナビア航空解雇事件	経営悪化に対する合理化策として、賃金引き下げによる再雇用の提案と、これに応じない場合の解雇について、解雇が有効とされた事例
平 7.6.28 判決	東京高裁	東京中央郵便局慣行休息権確認等事件	勤務時間規程に定める基準を超える休息をとる労使慣行の効力が否定された事例
平 7.7.19 判決	名古屋高裁	名古屋学院事件	独自の年金制度を採用する私立学校の、制度を廃止する内容の就業規則の改廃につき、財政窮迫状態から必要性は顕著であり、代償措置が講じられていること等から有効とした事例
平 7.10.4 判決	東京地裁	大輝交通事件	多数組合と締結した労働協約の一般的拘束力が少数組合には及ばないとされ、また、一時金が減額となる就業規則の変更に合理性がないとして無効とされた事例
平 7.12.25 判決	東京地裁	三和機材事件	年齢給は年齢に応じ、能力給は本人の職能等級に応じ、職務要件の項目ごとの評価により昇給および昇給額を算定することを約束する黙示の合意が成立していたと認めた事例

言渡年月日	裁判所	事件名	概要
平 8. 3.26 判決	最高裁三小	朝日火災海上保険 （高田）事件	63歳定年を57歳に変更、退職金を減額する旨の労働協約について、退職金の遡及減額は無効とされたが、労働協約の一般的拘束力は、原則として、有利・不利を問わず及ぶとされた事例
平 8. 4.17 判決	盛岡地裁 一関支部	岩手県交通事件	就労要請拒否を理由とする懲戒休職6カ月は重すぎるとして、休職3カ月の限度で有効とした事例
平 8. 4.24 判決	仙台高裁	みちのく銀行事件	就業規則の変更による55歳以上の行員の給与削減は、専任職制度の創設という方法によって組織改革を行うにつき、高度の必要性合理性があるとして原判決を覆した事例
平 9. 2.28 判決	最高裁二小	第四銀行事件	55歳から60歳への定年延長に伴い、55歳以降の賃金を減額した就業規則の変更が有効とされた事例
平 9. 3.25 判決	東京地裁	野本商店事件	就業規則附則に基づく昇給の実施および賞与の支給をしないことにつき、原告をも含めた従業員全員は暗黙のうちに承認していた、すなわち黙示の承諾をしていたと認めた事例
平 9. 3.27 判決	最高裁一小	朝日火災海上保険 （石堂・本訴）事件	63歳定年を57歳に引き下げ、退職金を減額する旨の労働協約について、労働協約の規範的効力は、原則として、有利・不利を問わず及ぶとされた事例
平 9. 5.19 判決	大阪地裁	松原交通事件	労働協約、就業規則、労働契約あるいは労働慣行などにより、支給時期および額ないし計算方法が決まるなど、支給条件が明確な場合でない限り、具体的な賞与請求権を有しないとした事例
平 9. 6.23 判決	東京地裁	ＪＲ東日本（杉並寮）事件	社宅の居住期間制限の導入をする社宅等利用規程の不利益変更につき、手続き的に十分な経過措置がとられ、従業員への周知手続きもなされた等の事情から有効とした事例
平 9.12.12 判決	大阪地裁	日宣事件	管理部長の過誤により、約8年間十数名の退職者につき、基本給を退職金の算定基礎額とする労使慣行は認められないとした事例
平10. 4.13 判決	大阪地裁	幸福銀行事件	退職金規定に定める金額の3倍以上の退職年金を支給していた会社において、経営悪化から退職金規定どおりの金額に減額したことが許されるとされた事例

言渡年月日	裁判所	事件名	概要
平10. 8.31 判決	大阪地裁	大阪労働衛生センター第一病院事件	変更解約告知の法理を排斥した上で、労働条件の変更（常勤勤務への変更等）に応じないことを理由とする解雇が無効とされた事例
平10.10. 5 判決	東京地裁	東京油槽事件	基本給を30％減額し、退職金の算定基礎年齢を頭打ちとすること等を定めた新就業規則につき、労働者が内容を認識した上で明確に同意したことが認められるとした事例
平11. 1.11 決定	奈良地裁	日進工機事件	企業廃止に基づく従業員の全員解雇につき、同社と実質的一体性を有する債務者会社に営業が継承されており、企業廃止は仮装にすぎないと認められるとして解雇を無効とした事例
平11. 1.27 判決	大阪地裁	池添産業事件	地域手当等の減額につき、賃金改定実施前後の労使間交渉における被告の対応は著しく不当であるし、改定内容も原告らが被ることになる負担は大きいとして合理性を否定した事例
平11. 3.29 判決	大阪地裁	ＪＲ西日本（労働時間制度変更）事件	賃金支払いの対象としていたみなし時間制を廃止する一方、別途賃金の補てんをしたことが合理性があり有効とされた事例
平11. 9.21 判決	札幌地裁	北産機工事件	業務外の傷病による休職について、期間満了時に通常の業務が可能な状態に回復していたこと等から、期間満了を理由とする退職の取り扱いが無効とされた事例
平11.12. 8 判決	大阪地裁	タジマヤ（解雇）事件	訴外会社による原告に対する解雇は無効とした上で、被告への営業譲渡の対象は従業員との雇用契約をも含むこと等より、原告の雇用契約も被告に承継されたとした事例
平12. 1.21 判決	東京地裁	東京ゼネラル事件	退職後競業制限を内容とする就業規則の変更が、多くの従業員がこれに同意していること等から合理性があるとされ、新規則による転職者の退職金５割減額を違法ではないとした事例
平12. 1.31 判決	東京地裁	アーク証券（本訴）事件	就業規則に降格・降級等の根拠規定がない引き下げは無効であり、降格・降級等を定めた就業規則の変更に合理性がなく無効とされた事例
平12. 4.27 判決	東京地裁	ＪＲ東日本（横浜土木技術センター）事件	１カ月単位の変形労働時間制における勤務指定後の勤務変更は、同条が求める「特定」の要件に欠ける違法、無効なものとされた事例

言渡年月日	裁判所	事件名	概要
平12. 7.26 判決	東京高裁	中根製作所事件	53歳以上の従業員の基本給を減額する労働協約が、組合規約において要求されている組合大会の決議を経ずに締結されたことから、締結手続きに瑕疵があるものとして無効とされた事例
平12. 8. 7 判決	東京地裁	ザ・スポーツコネクション事件	就業規則規定の運用を変更し、振替休日の事後取得を出勤した休日から2年以内とする取り扱いを2カ月以内に改めることについて、無効と解すべきではないとされた事例
平12. 8.25 判決	大阪地裁	公共社会福祉事業協会事件	事業譲渡により雇用関係および労働条件は承継されたもので諸手当の減額は無効とされた事例
平12. 9. 7 判決	最高裁一小	みちのく銀行事件	就業規則の変更による55歳以上の行員の給与削減は合理性があるとした高裁判決を破棄、高裁に差し戻した事例
平12. 9.12 判決	最高裁三小	羽後銀行（北都銀行）事件	完全週休2日制の実施に伴い、平日の所定労働時間を延長（平日10分、特定日60分）する就業規則の変更が有効とされた事例
平12. 9.22 判決	最高裁二小	函館信用金庫事件	完全週休2日制の実施に伴い、平日の所定労働時間を25分延長する就業規則の変更が有効とされた事例
平12.12.18 判決	東京地裁	アスカ事件	退職金債権は雇用関係が終了した時点で発生すると判断した上で、退職金を従来の約3分の2ないし2分の1に減少させる改訂後の退職金規程につき、変更の合理性を否定した事例
平12.12.20 判決	東京地裁	ネスレ日本事件	多数組合と締結した労働協約に基づく勤怠に関する控除基準を少数組合の組合員に適用して賞与を減額支給した場合、不利益取り扱い、支配介入の不当労働行為が成立するとされた事例
平12.12.20 判決	大阪地裁	幸福銀行（年金打切り）事件	退職年金の支給打ち切りについて、解約権の行使および事情変更の適用いずれの主張も認められなかった事例
平12.12.27 判決	東京高裁	更生会社三井埠頭事件	経営不振から管理職全員に賃金20％減額を実施したことが、管理職の自由意思に基づく承諾がないとして無効とされた事例
平13. 3.13 判決	最高裁三小	都南自動車教習所事件	ベア分支給の労使合意がなされても書面化されない限り、労働協約として効力を有しないとされた事例

言渡年月日	裁判所	事件名	概要
平13. 5.30 判決	広島地裁	ＪＲ西日本（広島支社）事件	1カ月単位の変形労働時間制に関して、「特定」の要件を満たすためには各日および週における労働時間をできる限り具体的に特定することが必要であると解するのが相当とした事例
平13. 6.22 判決	最高裁二小	トーコロ事件	従業員の親睦団体の代表者が自動的に労働者の過半数代表となって締結された36協定を無効とした事例
平13. 7.17 判決	東京地裁	月島サマリア病院事件	退職金53％減額変更につき、倒産の危機に瀕していたとまではいえず無効とした事例
平13. 8. 9 判決	福岡地裁小倉支部	九州自動車学校事件	自動車学校において、所定休日を日曜日から月曜日とし、女性乗務員の終業時刻を延長した就業規則の変更が有効とされた事例
平13.10. 1 判決	大分地裁	九州運送事件	週40時間制の導入に伴って、就業規則を変更し基本給月額を280分の260（約7.2％）に減額したことが、合理性があり有効とされた事例
平13.10.24 判決	大阪地裁	東豊観光事件	経営悪化を理由とする平均18％の賃金減額措置は無効とした事例
平14. 2.15 判決	札幌地裁	ドラール事件	勤続年数と支給率に応じて一定額に定められていた退職金につき、経営状態の著しい変化等により減額・不支給することを取締役会で個別決定する旨の就業規則の改訂を無効とした事例
平14. 5.29 判決	東京地裁	日本ロール製造事件	出張日当、時間外食事代、夜勤手当の変更・廃止は高度の必要性に欠け無効とした事例
平14. 7.31 決定	東京地裁	杉本石油ガス事件	正社員の賃金を一律約25％減額する就業規則の変更が、高度の必要性に基づく合理的な内容の変更とはいえないとして拘束力が否定された事例
平14. 8.23 判決	神戸地裁	全日本検数協会（賃金減額）事件	就業規則の改定により、特定部署の労働者の基準内賃金を50％減額する措置が、不利益の大きさ、代償措置が不十分等を理由に合理性を否定された事例
平14. 8.30 判決	東京地裁	ダイオーズサービシーズ事件	退職後も一定範囲で秘密保持義務を課す旨の労使間の合意は、秘密の性質・範囲、価値、労働者の退職前の地位に照らして合理性が認められるときは、公序良俗に反せず有効とした事例

言渡年月日	裁判所	事件名	概要
平14.12.25 判決	東京地裁	日本大学（定年・本訴）事件	定年を満70歳とする労使慣行につき、労使双方が明示的に当該慣行によることを排除、排斥していない等と認め、事実たる慣習として労働契約の内容を構成するものと認めた事例
平15. 1.16 判決	富山地裁	新富自動車事件	経営不振を理由とする歩合給制への移行による賃金の減額が、賃金総額を減少させる必要があったとして有効とされた事例
平15. 2.21 判決	最高裁二小		定款または株主総会の決議によって報酬の金額が定められていない場合には、取締役が会社に対して報酬請求権を有するということはできないとされた事例
平15. 4.24 判決	東京高裁	キョーイクソフト事件	年功序列的な賃金体系を職務給・職能給の体系に変更する就業規則の変更が無効とされた事例
平15. 4.28 判決	東京地裁	京王電鉄（新労組賃金等請求）事件	新労組組合員には旧労組の賞与協定の規範的効力は及ばず、また、賞与格差も不法行為とはいえないとした事例
平15. 9. 3 判決	大阪地裁	東豊観光（賃金減額）事件	就業規則に賃金減額措置規定を新設し、固定給を15%減額したことにつき、当該減額に対する代償措置が講じられず、経営上の高度の必要性もない等とし、変更の合理性を否定した事例
平15.10.30 判決	東京地裁 八王子支部	日本ドナルドソン青梅工場事件	賃金を従前の半分程度に減額することを内容とする給与辞令は、合理性を有せず無効とした事例
平15.12.11 判決	東京高裁	日本航空（操縦士）事件	運航乗務員の乗務時間および勤務時間の就業規則の変更は、少なからず不利益な変更であり、高度の必要性、変更に伴う十分な代償措置がない等として、変更の一部が無効とされた事例
平15.12.12 判決	東京地裁	イセキ開発工機（賃金減額）事件	賃金減額を伴う新規則そのものに対する同意に基づき新規則の適用を受けるものの、月収の約31%減となる資格等級格付けは降格権限を逸脱する権利の濫用であり無効とした事例
平15.12.18 判決	最高裁一小	北海道国際航空事件	賃金債権の放棄の意思表示につき、労働者の自由な意思に基づくものではないとして、その意思表示の効力を否認した事例
平16. 3. 9 判決	東京地裁	更生会社新潟鐵工所（退職金第1）事件	退職金支給率を80%減とした就業規則の変更を有効とした事例

言渡年月日	裁 判 所	事 件 名	概　　要
平16.10.28 判決	津地裁	第三銀行（複線型コース別制度）事件	職群別コース別制度の導入等を定めた就業規則の変更が認められた事例
平17. 3.16 判決	東京地裁八王子支部	ジャムコ立川工場事件	休職中のオートバイ店経営・就労は、就業規則所定の懲戒解雇事由である、「会社の承認を得ないで在籍のまま、他の定職についたとき」に当たるとした事例
平17. 3.30 判決	東京高裁	高見澤電機製作所事件	給与規定に「昇給は年1回定期的に行う」旨の定めがあるが、具体的な基準がなく、毎年団体交渉での合意で昇給が決定されている場合には使用者に定期昇給の実施義務はないとした事例
平17. 5.31 判決	東京高裁	勝英自動車学校（大船自動車興業）事件	労働条件の引き下げに異議のある従業員を譲受人への移行から個別に排除するとの合意部分は公序良俗に反し無効とされた事例
平17. 6.23 判決	名古屋高裁	名古屋国際芸術文化交流財団事件	就業規則の変更による賃金および退職金の減額につき、不利益を法的に受忍させることを許容し得るだけの高度の必要性に基づく合理的なものと認められず、効力を及ぼさないとした事例
平17. 7.13 判決	東京高裁	東京日新学園事件	雇用契約関係を承継するかどうかは、譲渡契約当事者の合意により自由に定められ、営業譲渡の性質として雇用契約関係が当然に譲受人に承継されるものではないとした事例
平17. 7.27 判決	京都地裁	洛陽総合学院事件	就業規則の変更により退職金の減額事由に「迷惑退職・直前退職（14日以内退職）」が追加されたことにつき、変更の必要性および内容に照らすと合理性を有するものとした事例
平17. 9.29 判決	東京高裁	箱根登山鉄道事件	会社再建計画にかかる労働協約につき、特定のまたは一部の組合員を殊更不利益に取り扱うことを目的として締結された等とはいえず、規範的効力を有するとされた事例
平18. 1.25 判決	東京地裁	日音（退職金）事件	就業規則が法的効力を有するためには、従業員代表の意見聴取、労基署への届け出までは要せず、従業員に対し、実質的に周知の措置がとられていれば足りるとした事例
平18. 3.24 判決	東京地裁	協和出版販売事件	60歳定年制実施のための就業規則の改正に合理性が認められ、これに基づく原告らへの嘱託給与規程を適用した給与支給も有効なものであるとした事例

言渡年月日	裁判所	事件名	概要
平18. 6.22 判決	東京高裁	ノイズ研究所事件	就業規則の変更による年功型から成果主義型への賃金制度の変更を有効とした事例
平18. 9. 6 判決	大阪地裁	関西金属工業事件	変更解約告知が労働条件の変更のみならず人員の削減を目的とし、一定人員は再雇用しない予定である場合、予定された人員に見合った人員整理の必要性が存在することを必要とした事例
平18. 9.20 判決	大阪地裁	更生会社フットワーク物流ほか事件	再建困難な状況下の企業再建手法として更生会社から受け皿会社へ２段階に分けて営業譲渡し、全従業員を一斉に解雇して一部を再雇用する枠組みは合理的手法であるとした事例
平18.10. 5 決定	大阪高裁	A特許事務所（就業禁止仮処分）事件	採用時に退職後の競合先への再就職禁止が記載された誓約書を承諾し署名し・押印したとしても、記載文言どおりに合意が成立したか否かは、なお慎重に検討する必要があるとした事例
平18.10.13 判決	大津地裁	滋賀ウチダ事件	成果主義の導入は不当ではなく、給与規定の改定は有効であるとされた事例
平18.11.28 判決	大阪高裁	松下電器産業（年金減額）事件	独自の年金制度において、経済情勢もしくは社会保障制度に大幅な変動があったとして、給付利率を一律２％引き下げたことが、同意しない者に対しても効力を生じると判断された事例
平18.11.30 判決	東京高裁	医療法人社団根岸病院事件	不当労働行為救済手続きにおける調査期日に労使合意の下で事務折衝が行われ、署名押印された議事録があっても、労使間の定年延長に関する基本合意が成立したと認められないとした事例
平19. 1.19 判決	大阪高裁	クリスタル観光バス（賃金減額）事件	変更後の就業規則の内容について、実質的に周知する方法をとれば、労働基準法106条に定める周知方法をとらなかったとしても、変更の効力が生じるとした事例
平19. 2.14 判決	東京地裁	住友重機械工業（賃金減額）事件	賃金減額となる規則変更に関し、資金調達上の支障を生じさせかねない状態に対する措置・対応策の判断は高度な経営上の判断を伴う点で相応の合理性がある限り尊重されるとした事例
平19. 4.19 判決	大阪地裁	中谷倉庫事件	退職金支給額を約半額とする旨の退職金規定の改定につき、倒産の危機も存し、また、労働組合の過半数で組織する企業内組合の同意を得ていること等により有効とした事例

言渡年月日	裁判所	事件名	概要
平19. 4.26 判決	東京高裁	オリエンタルモーター（賃金減額）事件	私傷病の病状進行を契機とする担当業務変更・賃金減額（基準内賃金総額43%減）の合意につき、受け入れざるを得ない立場に追い込んだ等により公序良俗に反して無効とした事例
平19. 5.17 判決	大阪高裁	関西金属工業事件	人員の削減目的の変更解約告知が行われた場合に、変更解約告知に応じない者が多数生じたとしても人員整理の必要性により本来許容されるべき限度を超えた解雇は許されないとした事例
平19. 9.27 判決	横浜地裁	都市開発エキスパート事件	賃金引き下げを許容した労働協約の一般的拘束力が非組合員に及び、また、その効力を原告非組合員に及ぼすことが著しく不合理であると認めるに足りる特段の事情はないとした事例
平19.10.25 判決	大阪地裁	トップ（カレーハウスココ壱番屋店長）事件	等級基準表の改定の内容を容易に知ることができたことがうかがわれ、原告を含む従業員が特段の異議を申し述べた形跡もないことから、改定は同意されたと同視することができるとした事例
平19.10.30 判決	東京高裁	中部カラー事件	全体朝礼で概略を説明しただけで賃金の決定・計算について説明文書の配布や説明会の開催などによって全労働者に具体的に説明する努力を払っていなかった事例
平19.10.30 判決	東京高裁	協和出版販売事件	60歳定年制実施のための就業規則の変更は、従業員に不利益に変更された点はなく、就業規則を不利益に変更したということはできないとされた事例
平20. 2.13 判決	東京高裁	日刊工業新聞社事件	会社の倒産回避という切迫した事情や再建計画の合理性等の事情から退職金の一律50%削減を内容とする退職金規程の改定を有効とした原判決を相当とした事例
平20. 3.25 判決	東京高裁	東武スポーツ（宮の森カントリー倶楽部・労働条件変更）事件	労働条件の変更合意の申込みに対してこれを承諾する対象の特定を欠く等として、新賃金規程の内容に沿った口頭による労働条件の変更の合意の成立を否定した事例
平20. 4.23 判決	東京高裁	中央建設国民健康保険組合事件	労働協約が従前の労働条件に比して労働者に不利で、被控訴人の不利益の程度（退職金減額率約14.2%）を考慮しても、労働組合の目的を逸脱して締結されたものとはいえないとした事例

言渡年月日	裁判所	事件名	概要
平20. 5.21 判決	千葉地裁	学校法人実務学園 ほか事件	就業規則に法的規範として関係者に対する 拘束力を生じさせるための絶対的要件である、労働者への周知の方法は、法定のものに限定されず、実質的に周知されれば足りるとされた事例
平20.12.19 判決	東京地裁	野村総合研究所事件	欠勤期間の通算を内容とする休職に関する規定の変更は、必要性および合理性を有するとして、有効とした事例
平21. 3.25 判決	東京高裁	りそな企業年金基金・りそな銀行 （退職年金）事件	規約変更により年金給付を減額することが厚生年金基金制度において予定されており、不利益の内容、程度等を考慮してもなお合理的なものであれば、変更も許されるとした事例
平21. 6.25 判決	仙台高裁	アルプス電気事件	就業規則変更に際して、転勤を命じた場合に手当を支給しないことを根拠づける明示の定めを置かなかったというほかないとして、手当支給打ち切りの根拠規定を認めなかった事例
平21.10.23 決定	大阪地裁	モリクロ（競業避止義務・仮処分） 事件	退職後の競業避止義務は必ずしも労使間の個別の合意でしか定められないものではなく、就業規則で定めることも許されるとしつつ、その効力は慎重に検討することが必要とした事例
平21.10.29 判決	東京高裁	早稲田大学（年金減額）事件	普通年金または遺族年金を減額する年金規則の改定につき、年金基金の財政の現状を考慮すれば、制度の維持、存続のために合理的裁量の範囲内で定めたものとして効力を有するとした事例
平21.11. 4 判決	東京地裁	ＵＢＳセキュリティーズ・ジャパン事件	原告の業績は会社の要求に十分にこたえたものではなく、会社が賞与を支給しなかったことは、裁量権の逸脱とはいえないとした事例
平22. 2. 3 判決	大阪地裁	大阪京阪タクシー事件	新賃金規程による20％を超える大幅な減額があり、労基法の減給の制裁額を踏まえると、賃金総額の減少の必要性の高さや代償措置を考慮しても、もはや合理性が認められないとした事例
平22. 3.16 判決	最高裁三小	もみじ銀行事件	株主総会の決議を経て、内規に従い支給されていた役員退職慰労年金につき、内規廃止の効力を既に退任した取締役に及ぼし、同意なく未支給の年金債権を失わせられないとした事例

言渡年月日	裁判所	事件名	概要
平22. 3.18 判決	大阪高裁	協愛事件	労働契約法9条の合意の認定は慎重であるべきであるから、単に、労働者が就業規則の変更を提示されて異議を述べなかったといったことだけで合意の認定をすべきではないとされた事例
平22. 3.19 判決	千葉地裁	三和機材事件	昇給停止事由に該当しない限り、査定に基づき、賃金表により、職務要件の項目ごとの評価により昇給および昇給額を算定することを約束する黙示の合意があったとした事例
平22. 6.25 判決	東京地裁	芝電化事件	退職金の支給基準率を会社都合から自己都合等を理由とするものへ半減させる内容を含む退職金規程改訂につき、労働者に重大な経済的不利益を生じさせる等として合理性を否定した事例
平22.11.10 判決	東京地裁	メッセ事件	労働者への周知につき、常時各作業場の見やすい場所に備え付ける方法等、実質的に見て事業場の労働者に対して就業規則の内容をいつでも知り得る状態に置くことを要するとした事例
平23.10.20 判決	横浜地裁	房南産業事件	就業規則を部門長に保管させ、事務室にも備え付け、従業員に対する説明会でもその旨説明していたことから、実質的周知の手続きがとられていたと認めた事例
平24. 3.21 判決	東京地裁	フェデラルエクスプレスコーポレーション事件	会社休日のうち4日間を廃止する就業規則変更が、年間所定労働時間が増加することで賃金カットと同様の効果が生じ、重要な労働条件を不利益に変更する部分を含むとし合理性を否定した事例
平24. 3.29 判決	京都地裁	立命館（未払一時金）事件	一時金を支給する労使慣行が労働契約の内容となっていたと認めた上で、これを減額する不利益変更は、高度の必要性に基づいた合理的な内容のものであることを要するとした事例
平24. 8.23 判決	東京地裁	ライトスタッフ事件	休職中の労働者は誠実義務の一環として、使用者に対し、適宜、休職の原因となった自らの体調（病状）とその回復具合いのほか、診断結果等について報告する義務を負っていたとした事例

言渡年月日	裁判所	事件名	概　要
平25. 2.15 判決	大阪地裁	大阪経済法律学園（定年年齢引下げ）事件	満70歳から満67歳に定年を引き下げる就業規則の変更につき、必要性と比較して、労働者側の被る不利益が大きく、代償措置等が十分に尽くされていないとして合理性を否定した事例
平25. 2.26 判決	東京地裁	Ｘ銀行事件	就業規則の変更による能力主義・成果主義への賃金体系の変更が合理的とされた事例
平25.10.17 判決	奈良地裁	医療法人光優会事件	労働者に不利益な労働条件を一方的に課すことは原則として許されず、給与の減額に同意したことも、当該労働条件の不利益変更が合理的なものであることも認められないとした事例
平26. 1.24 判決	熊本地裁	熊本信用金庫事件	労働者に不利益に変更する内容でありかつ合理性がない就業規則の変更であっても、変更について労働者の個別同意がある場合には、当該労働者との間では有効に変更されるとした事例
平26. 1.31 判決	東京地裁	シー・エー・ピー事件	賃金の減額という重大な内容の合意が成立したのであれば、その旨を書面化するなどして明らかにしておくことが当然であるというべきであるとした事例
平26. 2.26 判決	東京高裁	シオン学園（三共自動車学校・賃金体系等変更）事件	基本給の減額および勤続給等の廃止、給与規程中の基本給の減額改定をした本件各変更につき、労契法10条の要件を満たし、有効とした事例
平26. 4.22 判決	神戸地裁尼崎支部	阪神バス（勤務配慮・本訴）事件	主従事労働者が希望する限り会社分割によって労働契約が承継会社等に承継されるとする労働契約承継法の趣旨に鑑みると、転籍同意方式による契約は法の趣旨を潜脱し無効とした事例
平26.11.26 判決	東京地裁	アメリカン・エキスプレス・インターナショナル・インコーポレイテッド事件	従来規定されていない「健康時と同様」の業務遂行が可能であることを、療養休職した業務外傷病者の復職の条件に追加する就業規則の変更は、労働条件の不利益変更に当たるとした事例
平26.11.27 判決	京都地裁	中野運送店事件	就業規則の一部をなす運行手当明細表の変更による賃金減額につき、高度の必要性をうかがわせる事情は特段見当たらないなどとして合理性を否定した事例

言渡年月日	裁判所	事件名	概要
平27. 1.15 判決	福岡高裁	西日本鉄道（B自動車営業所）事件	労働契約が職種限定合意を含むものである場合でも、同意がある場合には職種変更は可能であるものの、かかる同意は、労働者の任意（自由意思）によることを要するとした事例
平27. 3. 5 判決	最高裁一小	クレディ・スイス証券事件	業績連動型報酬の具体的請求権は、当該年度分の支給実施および具体的支給額または算定方法についての使用者の決定または労使間の合意もしくは労使慣行があって初めて発生するとした事例
平27. 3.13 判決	東京地裁	プロポライフ事件	基本給の減額分を労基法および同法施行規則の除外賃金または固定残業代として残業代計算の基礎となる賃金減額を目的とする変更につき、自由意思に基づく同意が認められないとした事例
平27. 9.29 判決	大阪高裁	ANA大阪空港事件	退職金規程の内容を具体化する基準について、内規として取り扱う旨記載されており、労使双方の規範意識に支えられるものとして労使慣行となっていたと認めることはできないとした事例
平27.10.30 判決	東京地裁	L産業（職務等級降級）事件	職務変更に伴うグレード格下げと賃金減額につき、不利益が通常甘受すべき程度を超えるものとはいい難く、人事権の濫用として無効とはいえないとした事例
平28. 2.19 判決	最高裁二小	山梨県民信用組合事件	合併消滅する信用協同組合の職員が、合併前の退職金支給基準の変更に同意する旨の書面に署名押印をした場合に、上記変更に対する同意があるとした原審判断に違法があるとされた事例
平28. 5.31 判決	東京地裁	ファイザー事件	専門管理職の一般社員への降級、降格は新評価制度の評価を踏まえたルールに基づいて決定、実施される旨の降格規定の新設を含む就業規則の変更につき、合理的なものと評価された事例
平28. 7.13 判決	大阪高裁	国立大学法人京都大学事件	就業規則の変更が高度の必要性に基づいた合理的な内容かにつき、事業存続不可のような極めて高度の必要性が常に求められるものではなく、財政上の理由のみに限られないとした事例

言渡年月日	裁判所	事件名	概要
平28. 7.20 判決	東京地裁	ユニデンホールディングス事件	賃金減額規程が、減額事由、減額方法、減額幅等の点において、基準としての一定の明確性を有するものでなければ、そもそも個別の賃金減額の根拠たり得ないとした事例
平28.11.16 判決	東京高裁	ファイザー事件	専門管理職の業務の遂行に必要な能力を有していない者を一般社員に降格することができない状態から、降格することも可能にするという就業規則の変更には、合理性があるとした事例
平29. 2. 9 判決	東京地裁 立川支部	リオン事件	5年間の緩和措置や、経営上の必要性、組合に対し制度の説明を行い組合の理解を得ることに努めていたこと等から、新賃金規定への変更は合理的な変更であると評価された事例
平29. 3.13 判決	東京地裁	エターナルキャストほか事件	正社員からパート社員に変更した上での清掃業務勤務に同意するよう言葉巧みに迫り、同意しないと辞職するほかないかのように仕向けたこと（退職強要行為）に違法性を認めた事例
平29. 3.30 判決	札幌地裁	学校法人札幌大学（給与支給内規変更）事件	定年後勤務延長者の年俸額を最大で4割減額する給与支給内規の変更につき、重大な不利益を法的に受忍させることもやむを得ない程度の必要性に基づく合理性を否定した事例
平29. 4.10 判決	大阪地裁	紀北川上農業協同組合事件	スタッフ職について賞与を原則不支給、定期昇給も不実施とする就業規則の変更につき、合理性を肯定した事例
平29. 4.20 判決	大阪高裁	学校法人早稲田大阪学園事件	経営危機を回避するための人事制度改革による退職金減額の合理性を認めた事例
平29. 5. 8 判決	東京地裁	東京商工会議所事件	年功序列型賃金体系から成果主義型賃金体系に改めた就業規則の変更について、変更の合理性を認めた事例
平29. 8.25 判決	東京地裁	グレースウィット事件	労働契約と就業規則の優劣、労働条件変更の要件、就業規則の周知、いずれの見地からも、出向手当が固定残業代の性質を有するというに足る労働契約上の根拠はないとした事例
平29. 9.14 判決	長崎地裁	サンフリード事件	従前支給されていた各種手当につき何ら定めず、所定労働時間外勤務に対する割増賃金のうち一定金額を固定残業手当として支給する旨の定めのみを置いた不利益変更が無効とされた事例

言渡年月日	裁 判 所	事 件 名	概　　　要
平29.11.10 判決	福岡高裁	国立大学法人佐賀大学事件	退職手当の調整率の引き下げにつき、国家公務員退職手当法の改正に準じて改正する高度の必要性があり、労使協議も一応誠実に対応していたこと等から合理性を肯定した事例
平30. 2.22 判決	東京地裁	トライグループ事件	成果主義型の賃金制度への変更の合理性につき、人事評価の基準や昇給等の結果の平等性の有無、評価にかかる制度的担保の有無等の事情を総合的に考慮すべきとした事例
平30. 2.28 判決	東京地裁	ニチネン事件	自由な意思に基づく同意の存在が否定されて賃金減額が無効とされた事例
平30. 5.30 判決	東京地裁	ビーダッシュ事件	基本給を11万円減額させる固定残業代制の導入について、代表者等による説明内容が不正確かつ不十分であり、契約書の押印にかかわらず自由な意思に基づく同意を否定した事例
平30. 7. 5 判決	東京地裁	フーズシステムほか事件	育児休業後の期間の定めのない雇用契約からパート契約への変更につき、自由な意思に基づく締結が認められず、育児・介護休業法23条が禁止する不利益取扱いに当たるため無効とした事例
平30. 9.11 判決	東京地裁	ジャパンビジネスラボ事件	育休復帰後の有期契約への変更合意につき、真意によらない会社強要によるものとは認められず、均等法9条3項および育児・介護休業法10条にいう不利益な取扱いに当たらないとした事例
平30. 9.20 判決	福岡高裁	九水運輸商事事件	皆勤手当の廃止につき、月額5000円の減額といえど不利益の程度は小さくなく、年次有給休暇の計画的付与制度の設定等を有効な代償措置とは認めず、変更の合理性を否定した事例
平30.10.18 判決	東京地裁	有限責任監査法人トーマツ事件	人事評価により、従来降格が予定されていなかった従業員について降格降給を可能とする新人事制度への変更の合理性を認め、同制度に基づく降格決定を有効とした事例
平31. 1.24 判決	東京高裁	全日本海員組合（再雇用賃金）事件	期末手当の支給につき、個別契約で定めることとする旨の改定について、手当の削減対象が再雇用職員のみであること、その不利益の程度が著しいこと等から合理性を否定した事例

言渡年月日	裁判所	事件名	概　　要
平31. 3.26 判決	東京地裁	創価学会事件	転勤、特に転居を伴う転勤は、一般に労働者の生活関係に少なからぬ影響を与えることから転勤命令が権利の濫用になることがあるとしつつ、本件事実関係の下では濫用を否定した事例
平31. 3.28 判決	東京地裁	フジクラ事件	配転命令発令後の加給の賃金基準の改定につき、その客観的基準や査定の内容が不明で賃金減額の根拠に乏しく、権利の濫用として無効とした事例
平31. 4.12 判決	津地裁	ジャパンレンタカーほか（配転）事件	アルバイトについて、雇用契約書や募集内容から勤務地を少なくとも近接店舗に限定する旨の合意を認定した上、使用者の配転命令が権利の濫用として無効とした事例
平31. 4.15 判決	福岡地裁	キムラフーズ事件	賃金減額が、労働者の同意なく、また、就業規則等の降格や減給、懲戒処分など就業規則等に基づく処分や変更でもないこと等から、その効力が否定された事例。
平31. 4.25 判決	最高裁一小	平尾事件	使用者と労働組合との間の当該組合に所属する労働者の未払賃金債権を放棄する旨の合意につき、その効力が否定された事例。
令元.12.12 判決	東京地裁	学校法人明泉学園事件	約20年間全教員が毎年昇給されていたことや定期昇給の内規の存在等から、特段の事情がない限り毎年度定期昇給させることが法的拘束力を有する労使慣行と認められた事例
令 2. 2. 4 判決	東京地裁	Ｏ・Ｓ・Ｉ事件	賃金を25％も減じ、労働条件変更の根拠について十分な調査を行い、客観的な証拠を示して労働者に説明した事実がないこと等から変更に対する自由な意思による同意が否定された事例
令 2. 2.19 判決	宇都宮地裁	木の花ホームほか1社事件	長時間の残業が期待できないため職務手当の切り下げを意図し、減額の根拠等について合理的な説明を行った形跡がない等から給与減額に対する自由な意思による同意が否定された事例
令 2. 2.27 判決	東京地裁	野村不動産アーバンネット事件	営業成績給の廃止について、旧制度における想定賃金より1割以上減少するが、賃金総原資の減少はなく、評定制度の制度的担保が認められること等合理的な変更と評価された事例

■著者紹介

大澤武史　おおさわたけし　弁護士
弁護士法人中央総合法律事務所　京都事務所　パートナー弁護士
2009年京都大学法学部卒業。2011年京都大学法科大学院修了。2012年弁護士登録。2015年
2月より経営法曹会議会員。
使用者側弁護士として、規模を問わず、さまざまな業種、業態の企業からの人事労務に関する相談、紛争案件を中心に取り扱うほか、幅広いコーポレート業務に携わっており、上場企業および中小企業、ベンチャー企業の法律顧問を務める。
人事労務に関する主な著作として、「企業名公表制度の概要とコンプライアンス体制の運用ポイント」（『ビジネス法務』2021年11月号、中央経済社）、「同一労働同一賃金　最高裁判決（賞与・退職金）を踏まえた実務対応」（共著、『銀行法務21』No.869／2021年4月号、経済法令研究会）、「法律・裁判例に学ぶ適正対応　労働条件変更の法理と実務——労働契約、労働協約、就業規則による変更の場合における留意点」（共著、『労政時報』第4004号）、「改正労働基準法——時間外労働の上限規制の実務Ｑ＆Ａ」（共著、『労政時報』第3972号）、「民法改正による人事労務分野への影響——消滅時効、身元保証、法定利率・中間利息控除を中心とした実務への波及」（共著、『労政時報』第3964号）等。
その他の分野の著作に、『内部通報制度の理論と実務』（共著、商事法務）、『合同会社の法と実務』（共著、商事法務）、『企業不祥事のケーススタディ——実例と裁判例』（共著、商事法務）、『取締役会の法と実務』（共著、商事法務）等。

山本一貴　やまもとかずたか　弁護士
弁護士法人中央総合法律事務所　大阪事務所　アソシエイト弁護士
2010年早稲田大学法学部卒業。2012年京都大学法科大学院修了。2013年弁護士登録。2018年2月より経営法曹会議会員。2020年4月大阪市パワーハラスメント外部相談員弁護士就任。2022年1月Yz法律事務所開設（大阪）、共同代表就任予定。
人事分野を中心とした企業法務デューデリジェンス、労働審判、各種紛争案件（残業代請求、就業規則等改定案件、団体交渉など）に幅広く携わっているほか、相続やＭ＆Ａ業務を中心に多様な業務分野を有している。
主な著作として、「同一労働同一賃金　最高裁判決（賞与・退職金）を踏まえた実務対応」（共著、『銀行法務21』No.869／2021年4月号、経済法令研究会）、「法律・裁判例に学ぶ適正対応　労働条件変更の法理と実務——労働契約、労働協約、就業規則による変更の場合における留意点」（共著、『労政時報』第4004号）、「改正労働基準法——時間外労働の上限規制の実務Ｑ＆Ａ」（共著、『労政時報』第3972号）、「民法改正による人事労務分野への影響——消滅時効、身元保証、法定利率・中間利息控除を中心とした実務への波及」（共著、『労政時報』第3964号）等。

弁護士法人中央総合法律事務所

1968年の事務所開設以来、クライアントの皆様の多様なニーズに正面から向き合い、その礎を確かなものにし、長年にわたって蓄積されてきた各分野における高度な知識、困難な問題や数多くの訴訟を解決してきた経験を活かし、専門家集団として幅広い分野において充実した法的サービスを提供している。
国内は、大阪・東京・京都を拠点とし、また、諸外国の法律事務所とも連携を深め、海外法律事務所との国際的なネットワークに加盟しており、国際案件についても広範な情報と経験をもって対応するとともに、公認会計士、税理士、弁理士と連携し、ワンストップサービスを提供できる体制をとっている。

カバーデザイン／株式会社ライラック
印刷・製本／日本フィニッシュ株式会社

労働条件変更 法理と実務

2021年12月22日 初版発行

著　者　　大澤武史　山本一貴
発行所　　株式会社 **労務行政**
　　　　　〒141-0031 東京都品川区西五反田 3 - 6 - 21
　　　　　　　住友不動産西五反田ビル 3 階
　　　　　TEL：03-3491-1231　FAX：03-3491-1299
　　　　　https://www.rosei.jp/

ISBN978-4-8452-1483-9